como virar
BUDA
em cinco semanas

GIULIO CESARE GIACOBBE

como virar BUDA *em cinco semanas*

*O caminho mais curto
para a serenidade*

Tradução
Carlota M. Xavier

CIP-BRASIL. CATALOGAÇÃO-NA-FONTE
SINDICATO NACIONAL DOS EDITORES DE LIVROS, RJ.

G354c Giacobbe, Giulio Cesare
       Como virar Buda em cinco semanas / Giulio Cesare Giacobbe;
       tradução: Carlota M. Xavier. - Rio de Janeiro: Best*Seller*, 2009.

       Tradução de: Come diventare un Buddha in cinque settimane
       ISBN 978-85-7684-188-3

       1. Autorrealização. 2. Paz de espírito. 3. Budismo - Aspectos psicológicos. I. Título.

09-2429   CDD: 158.1
                                                       CDU: 159.947

Texto revisado segundo o novo Acordo Ortográfico da Língua Portuguesa.

Título original italiano
COME DIVENTARE UN BUDDHA IN CINQUE SETTIMANE

Copyright © 2005 by Giulio Cesare Giacobbe
Copyright © 2005 by Ponte alle Grazie srl - Milano
Copyright da tradução © 2008 by Editora Best Seller Ltda.
Publicado mediante acordo com Piergiorgio Nicolazzini Literary Agency

Capa: Marianne Lépine
Editoração eletrônica: Abreu's System

Todos os direitos reservados. Proibida a reprodução,
no todo ou em parte, sem autorização prévia por escrito da editora,
sejam quais forem os meios empregados

Direitos exclusivos de publicação em língua portuguesa para o Brasil
adquiridos pela
EDITORA BEST SELLER LTDA.
Rua Argentina, 171, parte, São Cristóvão
Rio de Janeiro, RJ – 20921-380
que se reserva a propriedade literária desta tradução

Impresso no Brasil
ISBN 978-85-7684-188-3
PEDIDOS PELO REEMBOLSO POSTAL
Caixa Postal 23.052
Rio de Janeiro, RJ – 20922-970

A meu filho Yuri,
que foi, quando mortal, um buda
e que, ao morrer, transmitiu para mim, mortal,
sua budeidade

No ano 2558 do nascimento do Buda
Sidarta Gautama Sakyamuni

Você, viajante do universo
Que atravessa a vida como um meteoro,
Não torne vã sua queda no vazio
Não acrescente nada ao nada
Porém, dê um sentido à sua efêmera presença
Nesta realidade efêmera
Cultivando a mais sublime das realizações
E a meta mais elevada da Consciência
Que torna grande a Matéria:
O amor por intermédio do desapego.
Existe um buda dentro de você:
Faça-o crescer até se tornar
Outra sua encarnação.
No eterno fluir do nada ao nada
Faça com que, entre um nada e outro,
A Consciência e o Amor
Ocupem seu lugar na evolução
Deste universo.

Sumário

Introdução		11
1	O que é um buda	17
2	Quem era Buda	26
3	O ensinamento original de Buda	33
4	As Quatro Nobres Verdades	38
5	A Compreensão Reta	42
6	O Pensamento Reto	50
7	A Palavra Reta, a Ação Reta, os Meios Retos de Subsistência	53
8	O Esforço Reto	57
9	A Presença Mental Reta	59
10	A Concentração Reta	61
11	A essência do Nobre Caminho Óctuplo	64
12	Os objetivos práticos do Nobre Caminho Óctuplo	67
13	Um método científico	71
14	O controle sobre a mente	75
15	A presença na realidade	95

16	A consciência da mudança ou a Iluminação	106
17	O desapego	112
18	O amor universal	121
19	A manutenção do estado de budeidade	131

Despedida — 137

Introdução

Este manual não trata da religião budista.
Ele reapresenta o *método psicológico* ensinado originalmente por Buda.[1]
Tal ensinamento teve como interesse e objetivo único a libertação do sofrimento.

Eu ensino unicamente aquilo que serve para atingir o Caminho. Não ensino aquilo que é inútil. Para além do fato de o universo ser finito ou infinito, temporário ou eterno, há uma verdade que deve ser aceita: a realidade do sofrimento. O sofrimento provém de causas que podem ser compreendidas e eliminadas. O que ensino é útil à obtenção do distanciamento, da equanimidade, da paz e da libertação. Porém, não falo daquilo que não é útil para alcançar o Caminho.[2]

---

[1] Isto vai fazer com que você evite raspar completamente sua cabeça, pedir esmolas e, sobretudo, vestir-se sempre de laranja. O que, para quem prefere outras cores, apresenta uma vantagem não desprezível.
[2] *Suttapitaka, Majjhima-Nikaya, Upakkilesa Sutta.*

Obviamente, não se trata de sofrimento físico, pois, do contrário, Buda teria ficado registrado na história como médico.

Evidentemente, trata-se de sofrimento *psíquico*.

Buda, portanto, era um *psicólogo*.[3]

Como se pode ver, o sofrimento psíquico já era muito difundido há 2.500 anos. E, efetivamente, a própria tradição o definiu como "a condição humana".

A primeira Nobre Verdade, a primeira declaração de Buda, afirma precisamente isto: a difusão do sofrimento.

Mas o que produz o sofrimento?

Esta é a pergunta que Buda se fez.

A resposta que ele forneceu é: *uma visão errônea da realidade*.

Como alternativa, Buda propôs uma visão da realidade e um comportamento capazes de nos oferecer serenidade, paz, alegria, regozijo e amor.

Em outros termos, bem-estar e felicidade.

Sua eficácia é demonstrada pela enorme difusão do budismo no mundo inteiro.

---

[3] Em um livro que escrevi anteriormente (*Alla ricerca delle coccole perdute* [Em busca dos carinhos perdidos], Ponte alle Grazie, Milão, 2004), observei (nota na página 46) que Jesus, tendo se revelado, além de filho de Deus, também um exímio *psicólogo*, havia passado a perna no próprio pai natural, como todos os filhos, ao não adotar a profissão paterna (carpinteiro), mas se dedicar a um trabalho intelectual (menos cansativo, porém muito mais perigoso, como se viu posteriormente). E observei como é animador, para nós, psicólogos, que, dentre todas as profissões existentes, Jesus tivesse escolhido justamente a nossa. Portanto, nossa categoria inclui entre seus membros também o filho de Deus! E tenho de dizer que o fato de que Buda, agora, também está compreendido nela é realmente um golpe de sorte! Não me espantaria se também constassem Gandhi e Golda Meyr.

A forma que ele assumiu foi a de uma religião.[4]

Mas o ensinamento original de Buda era, como veremos, um *método psicológico*.

Um método capaz de eliminar o *sofrimento* e, portanto, de nos tornar capazes de viver constantemente em estado de **serenidade**.

Isto é, de nos tornarmos budas.

O ensinamento de Buda é simples e pode ser posto em prática por qualquer um.

Inclusive por crianças.

Vocês são crianças inteligentes e tenho certeza de que podem compreender e colocar em prática aquilo que lhes direi. O Grande Caminho que descobri é sutil e profundo, mas qualquer um que esteja disposto a aplicar o coração e a mente terá condições de compreendê-lo e segui-lo.[5]

A tradição o transformou numa *teoria*.[6] Entretanto, trata-se de uma **prática**.

Meu ensinamento não é uma teoria nem uma filosofia, mas fruto da experiência. Tudo o que digo deriva de minha experiência e você também pode verificar isso por meio de sua experiência. As palavras não descrevem a

---

[4] A versão religiosa do budismo é eficaz para aqueles que são animados de uma forte religiosidade, mas se trata de um caminho diferente daquele adotado pela versão psicológica.
[5] *Suttapitaka, Majjhima-Nikaya, Satipatthana Sutta.*
[6] A filosofia budista ou, melhor, as filosofias budistas que proliferaram depois da morte de Buda são muitíssimas: E. G. Conze, um dos maiores estudiosos do budismo, contou 14 delas, todas em contradição entre si.

realidade: somente a experiência nos revela seu verdadeiro rosto.[7]

A prática proposta por Buda consiste em concretizar cinco poderes que cada um de nós já possui, mas simplesmente não utiliza.

São eles: o *controle da mente*, a *presença na realidade*, a *consciência da mudança*, o *desapego*, o *amor universal*.

Veremos como a concretização desses cinco poderes constitui efetivamente o ensinamento original de Buda e o que você deve fazer para concretizá-los.

Sua concretização demanda *cinco semanas*.

Uma semana dedicada a cada um dos cinco poderes.

Deve-se utilizar este manual da seguinte forma:

Em primeiro lugar, você deverá lê-lo todo, apenas com o objetivo de compreender o procedimento em seu conjunto.

Posteriormente, você voltará a ler o capítulo dedicado à concretização do primeiro poder e se empenhará em concretizá-lo durante a primeira semana.

Você fará o mesmo, durante as quatro semanas seguintes, para os quatro poderes restantes.

Ao término da quinta semana, sua budeidade já será *real*, embora em um estágio inicial.

Você terá se transformado em um *buda*.[8]

---

[7] *Suttapitaka, Majjhima-Nikaya, Dighanakha Sutta.*
[8] No que diz respeito às senhoras, eu deveria dizer "uma buda"; mas, além de ser muito feio, é gramaticalmente incorreto, porque o feminino de buda (que é um adjetivo) é *buddhini*. Coisa que é ainda mais penosa. Assim, deixei "um buda", também por respeito à verdade histórica: o primeiro a se tornar

Introdução

A partir daí, você terá apenas de *ampliá-la* e *reforçá-la* com os lembretes que eu lhe indicarei.

O mérito deste manual não é unicamente o de desencavar o ensinamento original de Buda, que esteve esquecido por tempo demasiado, mas também e principalmente o de ter reconstruído este ensinamento *de forma científica*, de modo a torná-lo compreensível e praticável por todos.

Agradeço a Sidarta Gautama Sakyamuni, que abriu o Caminho, e a meu filho Yuri, que, ao segui-lo durante sua vida, que foi breve, conduziu a mim também.[9]

---

um buda foi um homem. Você não se incomoda, não é, querida? Para você, utilizarei *iluminada*: parece-me substancialmente mais agradável.
Nota da Tradutora: O autor se refere ao fato de que *buddhini* (fem. de buda) e *budini* (que é o plural de *budino* — pudim) são homófonos em italiano.

[9] Meu filho Yuri morreu aos 27 anos: exatamente a idade em que Buda alcançou a Iluminação. Yuri era um buda, uma daquelas encarnações de Buda (*Bodhisattva*) que, de acordo com o budismo, aparecem de vez em quando na Terra. Desde o nascimento, ele revelou ter uma serenidade e um amor incomparáveis. Em todos os seus 27 anos de vida, sequer uma vez o vi irritar-se ou repreender alguém. Pelo contrário, ele estava sempre sorridente e tolerante com todos e comunicava a todos seu amor incondicional sem sequer falar: com um sorriso e com um toque de mão. Mas você podia senti-lo com muita força dentro de você. Qualquer um podia senti-lo. Independentemente do que você estivesse fazendo, ele estava sempre com você e o fazia sentir seu amor, absoluto e incondicional. Faleceu de uma gripe banal. Mas, ao morrer, realizou um milagre. Transformou seu pai, este velho pecador, em um buda. Ele me transmitiu sua budeidade, que adquiri sem mérito algum. Minha vida transformou-se. Vivenciei a Iluminação. Vi e inscrevi em minha carne, de modo total e definitivo, a absoluta precariedade da existência, a única realidade do aqui e agora e a importância absoluta e exclusiva do amor, da alegria e do regozijo. Assim, vi que é possível se transformar em um buda. Meu budismo, que era teórico, se tornou real. Foi assim que nasceu este livro. Vivendo em minha carne o ensinamento de Buda, que eu já conhecia teoricamente, concretizei aquela budeidade que qualquer um pode concretizar, sem precisar perder um filho.

Primeiro capítulo
O que é um buda

O que é um buda?
Um buda não é um deus, um santo, um super-homem ou um ser sobre-humano.[1]
É um de nós.
Um qualquer.
Simplesmente, é alguém que eliminou o sofrimento.
Mas preste atenção: não do mundo, mas *de dentro de si.*
Não sofre mais.
Não se encoleriza.
Não odeia.
Não sente ciúmes, inveja ou rancor.
Nem tristeza, ansiedade ou angústia.
Tampouco afã, avidez ou egoísmo.
Mas o que significa isso? Que é apático, indiferente, insensível?
Não, senhor.
Ele tem sentimentos.
Todos.

---

[1] Buda não é considerado uma divindade sequer na religião budista, que o percebe como o promotor da libertação da escravidão das reencarnações.

Mas não os exaspera.
Não os faz crescer.
Não se torna seu escravo.
Não os alimenta.
Refiro-me aos negativos.
Alimenta apenas os *positivos*.
E estes são: *serenidade, paz, alegria, regozijo, harmonia, amor.*

Isto é, ele consegue permanecer sereno dentro de si, alimentando-se de sentimentos positivos, gozando-os, e neutralizando os sentimentos negativos.

Sua mente está sempre serena, calma.
Seu corpo está sempre descontraído.
Não sofre mais de estresse, não fica tenso.[2]
Vive de regozijo, de alegria, de harmonia, de amor.
E infunde regozijo, harmonia, amor, alegria e bom humor a seu redor.[3]
Porque conquistou a serenidade.

Um buda é aquele que conquistou a serenidade e a mantém em qualquer situação.

---

[2] O único problema, ao se tornar um buda, é que se engorda um pouco, por não estar mais estressado e não gastar mais energias ao ficar tenso e contraído (não é por acaso que Buda é sempre representado um tanto quanto gorducho). Porém, quando você tiver se tornado um buda ou uma iluminada, não estará nem aí para sua forma física.

[3] O senso de humor é outra característica que é salientada ou que se adquire ao se tornar um buda. A hilaridade dos monges tibetanos e o senso de humor dos monges zen são famosos. Eles provêm justamente da condição de descontração e serenidade, que possibilita perceber os casos engraçados da vida e rir a seu respeito. E não somente isto, mas também *criar* a hilaridade como um estado mental positivo. Costuma-se dizer: o riso é o melhor remédio.

Mas como é que consegue?
Veremos.
Este livro foi escrito com o propósito de lhe mostrar isto.
E para fazer com que você se torne como ele.
Um buda.
Você verá que é possível.
Tornar-se um buda não é difícil.
Basta empenhar-se.
Por ora, basta que você saiba que é possível se tornar um buda.
Que é possível para todos, inclusive para você.
Porque, como disse Buda,

todo ser humano tem a natureza de buda.

Isto é, todo ser humano pode se tornar um buda.
Com efeito, todo ser humano pode concretizar a *budeidade*, ou seja, a capacidade de estar sempre sereno, independentemente do que acontecer.
Mas isso é mesmo possível?
Sim, senhor.
Porque, por mais incrível que possa lhe parecer,

nossa serenidade não depende das situações, mas de nossa reação diante delas.

Efetivamente, uma mesma situação produz reações distintas em pessoas diferentes.
E não é só isso.
Você mesmo, em situações idênticas, já teve reações distintas em diferentes períodos de sua vida.

Nossa reação diante das situações é, de fato, *condicionada por nossa experiência*, ou seja, por nosso *passado*.

Na cultura oriental, este condicionamento é definido como a *lei do carma*.[4]

Carma significa "ação".

Esta lei mostra como cada uma de nossas ações é condicionada por nossa *experiência*.

Assim, nosso presente é condicionado por nosso passado.

Mas isso implica também que *nosso futuro seja condicionado por nosso presente*.

Portanto, ao intervir sobre nosso presente, estamos em condições de *determinar nosso futuro*.

Efetivamente, se é verdade que nossa reação diante das situações é condicionada por nossa experiência passada, também é verdade que temos condições, por meio da *consciência* e da *vontade*, de desvincular nossa reação diante das situações do condicionamento e fazer com que ela permaneça *positiva*, mantendo nossa serenidade.

Isso fará com que nosso futuro *seja condicionado em um sentido positivo* e a manutenção da serenidade se tornará para nós um comportamento *espontâneo*.

É assim que nos transformamos em buda.

---

[4] A lei do *carma* foi descoberta pela cultura oriental em tempos muito remotos (anteriores até a Buda): depois do advento da escrita, foi descrita no *Bhagavad Gita*, obra que faz parte do poema épico indiano "Mahabharata", que remonta ao século V a.C., e no tratado clássico do Ioga, o *Ioga Sutra*, que data do século III a.C. Na cultura ocidental, a lei do carma foi descoberta apenas no século XX por Sigmund Freud (que, assim, choveu no molhado, como se diz), que distinguiu a causa da *neurose* no condicionamento da memória (inconsciente) do passado sobre o presente.

Buda foi definido exatamente assim: *o não condicionado*, aquele que se subtraiu ao condicionamento do passado.

Portanto, podemos, desde já, construir nossa **serenidade**.

Podemos, desde já, construir nossa *personalidade de buda*.

É claro, isso requer *exercício*.

Mas o que não requer exercício?

Alguém já conseguiu aprender a esquiar, a datilografar, a dirigir um carro ou a usar o computador sem exercício?

Tudo requer exercício.

E por que aplicar-se a um exercício para aprender a esquiar, a datilografar, a dirigir um carro, a usar o computador, e não para se tornar um buda?

Tornar-se um buda é algo que nos dá uma satisfação muito maior, porque nos possibilita permanecer serenos em qualquer situação.

O próprio Buda disse: você deverá fazer um *esforço*, o "Esforço Reto".

Porém, só no início.

Depois, com o *costume*, tornar-se-á espontâneo e natural.

Então, você terá se transformado em um buda.

O importante é que você comece a aprender a neutralizar suas reações negativas e a cultivar aquelas que são positivas.

O importante é que você comece a deslanchar o processo que o levará a se tornar um buda.

Depois, com o passar do tempo, você se tornará um buda cada vez mais completo.

É somente uma questão de tempo e de aplicação.

Você só precisa de uma coisa: **constância**.

Se você achar que não tem constância, há um macete para obtê-la e desenvolvê-la:

*Ponha seu projeto de budeidade
no centro de sua vida.*

Se você fizer isso, sua constância desabrochará como uma flor, crescerá como um tornado, ficará sólida como uma montanha.

Se colocar seu projeto de budeidade no centro de sua vida, você desenvolverá espontaneamente e sem dificuldade uma constância invencível que o levará a um sucesso seguro.

É apenas uma questão de fazer com que um ato de vontade, que inicialmente será incerto e penoso, se transforme em um *hábito*; então, com a prática, ele se tornará sempre mais fácil e espontâneo, até se tornar *automático*.

Buda encheu a própria vida de serenidade, de paz, de harmonia, de bom humor, de regozijo e de amor.

Muitos outros depois dele fizeram o mesmo.

É o que você também poderá fazer.

Com efeito, esses são *estados mentais*.

E todos nós temos o *poder* de concretizar e tornar permanentes, ou pelo menos frequentes, esses estados mentais.

Eles podem ser resumidos em um só: *serenidade.*

A **serenidade** é a característica principal de Buda e é o que você poderá conquistar *para o resto de sua vida* se seguir as indicações deste manual.

Não é necessário que você raspe completamente os cabelos e se vista de laranja, tampouco que você se retire para um mosteiro a 4 mil metros de altitude nas montanhas do Himalaia.

Ainda que isso possa ajudar, exatamente na mesma medida que umas boas férias em um balneário.

Conforme disse o Dalai Lama, Buda está dentro de você independentemente daquilo que você faça ou do lugar que esteja.

O que quer dizer que você pode alcançar o estado de budeidade em qualquer lugar e em qualquer condição.

Não é tão impossível quanto poderia parecer e, na verdade, nem é tão difícil assim.

Porque sua serenidade é um *estado mental* e seus estados mentais não são somente de sua conta, mas dependem de você!

Porque a serenidade já existe dentro de você: ela se encontra *potencialmente* dentro de você.

Portanto, você já é *capaz* de alcançá-la.

Você só precisa aprender a concretizá-la *na prática*.

Vou lhe explicar como você deve proceder no decorrer deste manual.

Não pense nisto agora.

A coisa fundamental, por ora, é que você compreenda que também pode se transformar em um buda.

Existem budas entre nós.

E muitos mais do que você imagina.

Há uma pequena praia de pescadores.

Os barcos, pequenos e atarracados, estão alinhados à beira-mar e deixam que as ondas preguiçosas do mar acariciem suas largas barrigas coloridas.

Os velhos arrastam as redes inchadas e palpitantes de peixes, puxando-as dos barcos, e, de vez em quando, trocam algumas palavras entre si sobre coisas que somente eles sabem, sobre peixes, mar, barcos e mulheres.

As mulheres movimentam os dedos hábeis e velozes entre as espirais das rendas e falam ininterruptamente, ora em voz alta e excitada, ora submissas, agrupadas, trocando confidências entre si, ora explodindo todas juntas em fragorosas gargalhadas que se erguem no ar como estampidos de morteiros.

As crianças correm entre os barcos, incitando-se com pequenos gritos, e algumas estão nuas.

Os gatos, deitados sobre os escolhos, semicerram os olhos no revérbero do sol, mas não afastam o olhar das redes, repletas de peixes.

As gaivotas traçam círculos sobre a praia, inspecionando os barcos com seus olhos penetrantes, e enchem o ar límpido e luminoso da manhã com seus gritos de protesto pelo furto sofrido.

Há um homem jovem de 27 anos.

Tem os cabelos louro-escuros, que, ao refletir os raios do sol, tornam-se de um ouro quase platino, os olhos cinza-azulados nos quais se espelham toda a luminosidade e a profundeza do céu.

Um sorriso apenas pronunciado dilata-lhe os lábios em uma curva que acolhe tudo com paz, alegria, harmonia, aceitação, compreensão e amor.

É como se com seus olhos, com seu sorriso, abraçasse aquele pequeno pedaço de mundo, a praia, os barcos, as redes, os velhos, as mulheres, as crianças, os gatos, as gaivotas, e os acariciasse com ternura e doçura infinitas.

O tempo escorre em seu álveo profundo, mas aquele jovem está em todos os pontos de suas margens, em cada precipício, em cada praia, em cada seixo, em cada arbusto.

Ele está em cada ponto do rio da vida e do universo.

Aquele pequeno pedaço de mundo torna-se, então, o mundo inteiro, reúne o universo inteiro e os barcos, as redes, os velhos, as mulheres, as crianças, os gatos e as gaivotas se tornam todos os seres vivos, os homens, as mulheres, os animais, as plantas e todas as coisas, os seixos, as nuvens, as estrelas, que o universo verteu no rio do tempo, que submergiu em suas águas primeiramente quentes e espumantes e, depois, frias e imóveis.

O jovem olha e sorri.

Seu olhar, como seu sorriso, é mais antigo que os barcos, as redes, os velhos, as mulheres, as crianças, os gatos, as gaivotas.

Em seu olhar e em seu sorriso, há o silêncio da paz, da alegria, da harmonia, da aceitação, da compreensão e do amor universal.

Segundo capítulo
Quem era Buda

Sidarta Gautama Sakyamuni, chamado "Buda" (o despertado), é uma personagem histórica.

Nasceu em 563 a.C. em Kapilavatthu, capital do reino dos Sakya, do qual seu pai, Suddhodana, era o soberano, em uma região do Himalaia próxima ao atual Nepal.

De acordo com a tradição, a mãe, Mahamaya, que lhe deu o nome de *Sidarta*, faleceu oito dias depois de seu nascimento e ele foi criado pela irmã dela, Pajapati Gotami, segunda esposa do rei, da qual tomou seu segundo nome.[1]

Adotou seu terceiro nome dos Sakya, tribo à qual pertencia.

---

[1] Neste ponto, os mitos em torno do nascimento de Buda divergem, como acontece em relação a todas as grandes personalidades. A fantasia popular se esbaldou até as lágrimas: "Narra-se que, depois de 32 meses de casamento, a mãe, ainda virgem (*é o destino de todas as mães das grandes personalidades permanecer inexorável e incrivelmente virgens, a despeito da evidente gravidez*) porque observara um ascetismo absoluto (*mas para que então se casara?!*), viu em sonho um elefante que a golpeou no quadril. Dez meses depois (*os elefantes, é notório, têm uma gestação um pouco mais longa que a nossa*), nasceu-lhe um filho que lhe saiu do quadril (*gravidez extrauterina?*), enquanto ela, de pé, se agarrava nos galhos de uma figueira (*árvore notoriamente traidora*)" (*I grandi di tutti i tempi. Buddha* [As grandes personalidades de todos os tempos. Buda], Mondadori, Milão, 1976, p. 14).

Quer a lenda que seu pai, o rei Suddhodana, recebera o vaticínio de que o filho primogênito (Sidarta, justamente) teria abandonado o reino e renunciado à sucessão do trono.

Para desconjurar o que ele considerava uma grande desgraça, mantivera Sidarta confinado no palácio, impedindo-lhe qualquer contato com o mundo exterior.[2]

Sidarta viveu uma infância e uma juventude despreocupadas.

Aos 20 anos, combinaram seu casamento com sua prima, a princesa Yasodhara, filha do rei Dandapani, do reino dos Kliya, e da rainha Pamita, irmã do rei Suddhodana.

Aos 22 anos, imediatamente depois do nascimento do filho Rahula, em decorrência de ter descoberto o sofrimento presente no mundo exterior, que, até então, ele ignorara, Sidarta abandonou a família, o palácio e seu cargo real, e saiu em busca do caminho que leva à libertação.[3]

Perambulou por seu reino durante cinco anos em busca de mestres e praticou a forma tradicional de ascese da cultura indiana, o ioga.

Inicialmente, tornou-se discípulo do asceta Alara Kalama, depois do asceta Uddaka Ramaputta, e, sob a orientação deles, experimentou estados sempre mais profundos de *transe*, em que o sofrimento é transcendido.

---

[2] Sidarta tinha um irmão, mas, evidentemente, na Índia também os segundo-gênitos eram considerados inferiores ao cocô do cavalo do bandido. No Ocidente, eles inventaram as Cruzadas para ter algo para fazer.

[3] Como todas as grandes personalidades (e como todos os adultos), ele se comportou, como se vê, como um verdadeiro babaca. Contudo, talvez tenha agido assim apenas para demonstrar que as profecias funcionam.

Não obstante, deu-se conta de que a libertação do sofrimento estava limitada ao estado de *transe* e, portanto, não era resolutiva.

Então, praticou durante seis meses a ascese mais radical, a mortificação do corpo, até que compreendeu que esse caminho tampouco conduzia à libertação definitiva do sofrimento.[4]

Dedicou-se, então, à observação de si mesmo, de suas próprias sensações, emoções, de seus próprios pensamentos, por meio da percepção dos fenômenos que se apresentam à consciência.[5]

Constatou que estes nascem e morrem continuamente: descobriu, assim, que a verdadeira natureza da realidade é uma *transformação contínua*.[6]

Esta foi sua primeira descoberta.

A segunda foi que coisa alguma pode existir sem a existência de todas as outras, mas que todas estão ligadas entre si em uma rede universal de interdependência ou em uma causa recíproca universal.[7]

Sentado sob uma árvore de pipal, em uma floresta próxima à aldeia de Uruvela, Sidarta aprofundou a análise da realidade.[8]

---

[4] A iconografia que retrata Buda magro se refere a esse período. Vê-se que o sofrimento (e a magreza) de Buda é episódico e não corresponde à sua personalidade definitiva e completa. Em Buda, não há espaço para o sofrimento: sua eliminação é exatamente o objetivo de todo seu ensinamento. O prazer é a dimensão do Buda.

[5] Inventou, como se pode constatar, a *psicanálise*.

[6] É o *panta rei* teorizado por Heráclito, que, percebe-se, choveu no molhado.

[7] Trata-se do princípio descoberto recentemente pela nossa física e conhecido como o *efeito borboleta*. Aqui também, chuva no molhado.

[8] O que é uma árvore de pipal? Para manter a tradição iniciada em *Come smettere di farsi le seghe mentali e godersi la vita*, fica estabelecido um concur-

Dois adolescentes levavam-lhe comida: Svasti, um órfão paupérrimo e pastor de búfalos, e Sujata, filha do chefe da aldeia.[9]

Um dia, depois que Svasti o deixou para reconduzir os búfalos para casa, Sidarta foi invadido pela sensação de que alcançaria o Grande Despertar naquela noite.

Graças a essa percepção, sua mente, seu corpo e sua respiração ficaram perfeitamente unidos.

A prática da presença mental o tornara capaz de desenvolver um grande poder de concentração, que então utilizou para iluminar seu corpo e sua mente com consciência.

Sem vacilar, Sidarta iluminou a própria mente com a consciência.

Viu que os seres vivos sofrem porque não compreendem que participam da mesma natureza que todos os seres: a ignorância dá origem a uma infinidade de penas, confusões e dificuldades; avidez, ira, arrogância, dúvida, inveja e medo deitam raízes profundas na ignorância.

Aprendendo a acalmar a mente para ver mais profundamente a verdadeira natureza das coisas, Sidarta alcançou a compreensão global, que dissolve qualquer

---

so entre os leitores para solucionar este mistério. Os ganhadores serão contemplados com um curso-relâmpago sobre *como alcançar a Iluminação*, a ser ministrado em meu iate no velho porto de Gênova. Solicita-se especialmente a participação das senhoras que mereçam ser iluminadas.

[9] O parasitismo é a única característica de Buda (que jamais trabalhou sequer um dia em sua vida) que exorto você a não imitar. Não porque haja algo de mau na mendicância. Mas este é um caminho *demasiadamente* oriental, que tende à *passividade*. Proponho um caminho *ocidental* para o budismo, um caminho *ativo* que lhe possibilite criar, construir e competir. Porém, sem estresse. E, assim, também mais eficaz.

ansiedade e qualquer dor, substituindo-as pela aceitação e o amor.

Percebeu que compreensão e amor são uma única coisa: sem compreensão, não pode haver amor e, sem amor, não pode haver ação justa.

Percebeu que, para desenvolver uma compreensão clara, é necessário viver em presença mental, em contato direto com a vida no momento presente, vendo conscientemente o que de fato acontece dentro e fora de nós.

A presença mental e a consciência conduzem à libertação definitiva do sofrimento.

Sidarta compreendeu que havia encontrado o Grande Caminho.

Não era um caminho intelectual, mas sim de experiência; não um caminho teórico, porém prático.

Sujata, ao lhe levar comida no dia seguinte, o viu radiante. Já o vira sentado debaixo do pipal milhares de vezes, digno e majestoso, mas, naquele dia, ele tinha algo de diferente.

Enquanto o olhava, Sujata sentiu que suas penas e preocupações se esvaeciam.

Uma felicidade fresca como uma brisa primaveril invadiu-lhe o coração.

Sentiu não desejar nada mais do que tinha, que todo o universo era bom e benévolo e que ninguém devia jamais voltar a ter medo ou se desesperar.

Deu alguns passos e depositou a comida diante dele.

Depois, inclinou-se, sentindo que a paz e a alegria que perpassavam Sidarta também lhe eram transmitidas.

— Sente-se ao meu lado — convidou-a Sidarta com um sorriso. – Agradeço-lhe pela comida e a água que você me tem trazido todos esses meses. Hoje é o dia mais feliz da minha vida, porque, nesta noite, encontrei o Grande Caminho. Compartilhe comigo esta felicidade. Logo ensinarei o Caminho a todos.

Sujata juntou as mãos para pedir permissão para falar.

— Você é o despertado, aquele que indica como viver com consciência. Podemos chamar você de " O Despertado"?

Sidarta consentiu.

— Ficaria mesmo contente com isso.

Os olhos de Sujata brilharam.

— Na língua magadhi — prosseguiu a garota —, usamos a palavra *budh* para dizer "despertar". Uma pessoa despertada seria, portanto, chamada *buda*. Podemos chamar você "Buda"?

Sidarta voltou a acenar com a cabeça.

Estava com 27 anos.

Buda dedicou todo o resto de sua vida a difundir suas descobertas, para que os outros seres humanos também atingissem a Iluminação e a libertação do sofrimento.

Percorrendo seu reino e descendo, então, ao longo do curso do Ganges pelos reinos limítrofes dos Koliya, Mala, Kosala, Kichavi, Anga, Magadha, Kasi e Vatsa, converteu milhares de pessoas, fundando comunidades (*Sangha*) de monges (*Bhikkhu*) às quais expôs sua disciplina, o darma, em uma série de sermões (*Sutta*).

Dando um exemplo magnífico de amor universal, cedeu à insistência da rainha Pajapati, sua mãe adotiva que, evidentemente, não estava absolutamente satisfeita com seu casamento, permitindo que ela fundasse uma *sangha* feminina, na direção da qual ela evidentemente colocou a si mesma.

Aos 72 anos, em 491 a.C., depois de um cisma ocorrido na *sangha* por obra do discípulo Devadatta, de dois atentados contra sua vida, no segundo dos quais ficou ferido, e uma grave doença que conseguiu superar, o próprio Buda anunciou sua morte, com três meses de antecedência, que se deu em uma floresta próxima a Kusinara, uma aldeia no reino Mala, nos confins de sua aldeia natal.[10]

Depois de seis dias e seis noites de cerimônias das quais participaram, com oferendas de flores, queima de incensos, músicas e danças, não somente os bhikkhu, mas também os moradores de Kusinara e da cidade vizinha de Pava — para onde foi transportado posteriormente para os funerais —, o corpo de Buda foi envolvido em tecidos, deposto em um féretro de ferro, içado sobre uma grande pira de madeira perfumada e cremado na presença de várias centenas de pessoas.

Suas cinzas foram divididas em oito partes e alocadas dentro de um número igual de *stupa* (monumentos fúnebres) em Kusinara e Pava, no reino dos Mala, em Kapilavatthu, no reino dos Sakya, em Rajagaha, no reino dos Magadha, em Vesali, no reino dos Licavos, em Allakappa, no reino dos Buli, em Ramagama, no reino dos Loluya, e em Vethadipa, no reino dos Vetha.[11]

---

[10] Essa história de anunciar a própria morte com antecipação parece ser uma característica dos iluminados (ou iniciados). Não se exclui que alguns dentre eles se matem para demonstrar ter razão.

[11] Essa breve biografia está baseada na obra de Thich Nhat Hanh, *Old Path White Clouds*, 1991; tradução italiana *Vita di Sidarta il Buddha narrata e ricostruita in base ai testi canonici pali e cinesi* [Vida de Sidarta, o Buda, narrada e reconstituída com base nos textos canônicos páli e chineses], Ubaldini, Roma, 1992.

Terceiro capítulo
O ensinamento original de Buda

Deduzir o ensinamento original de Buda da enorme literatura budista não é uma tarefa fácil.[1]

São três os cânones (tradições) principais: páli, chinês e tibetano, em suas respectivas línguas.

O cânone páli é o mais antigo e, portanto, deveria ser o mais fidedigno.[2]

Mas ele também foi escrito muito tempo depois da morte de Sidarta: mais de dois séculos.[3]

É provável, portanto, que os propósitos atribuídos a Buda tenham sido, em parte, remanejados e, em parte, até inventados.

---

[1] "O conjunto dos escritos budistas é verdadeiramente enorme e compreende dezenas de milhares de páginas. O cânone Páli, que se limita a uma única seita, preenche 45 volumes enormes na edição completa siamesa, sem contar os comentários. Os cânones chinês e tibetano, por outro lado, compreendem a obra de todas as escolas que deixaram sua marca na China e no Tibeti. Na mais recente edição japonesa, as Escrituras chinesas contam 100 volumes de mil páginas, editados em caracteres minúsculos, ao passo que as tibetanas ocupam 325 volumes" (E. Conze, *Buddhist Scriptures*, 1959; trad. it. *Scritture buddhiste*, Ubaldini, Roma, 1973, p. 7).

[2] A língua páli (versão popular do sânscrito) era a língua falada na região em que Buda viveu: portanto, era aquela usada efetivamente por ele. Utilizarei este cânone como fonte de citação, por ser universalmente reconhecido como o mais fidedigno.

[3] Precisamente entre o segundo e o terceiro concílio, realizados pela comunidade budista, respectivamente, em Vesali, em 340 a.C., e em Pataliputta, em 246 a.C.

Eles estão recolhidos no *Suttapitaka*, uma das três partes em que está dividido o cânone páli, chamado justamente *Tripitaka* ("três canastras").[4]

Os três cânones diferem entre si e atribuem a Buda enunciados distintos.

Porém, existem dois enunciados que são relatados por todos os cânones: as **Quatro Nobres Verdades** e o **Nobre Caminho Óctuplo**.

As Quatro Nobres Verdades

Irmãos, existem quatro verdades: a existência do sofrimento, a causa do sofrimento, a extinção do sofrimento e a senda que conduz à extinção do sofrimento. Chamo-as de as Quatro Nobres Verdades.

Irmãos, a primeira Nobre Verdade é a existência do sofrimento.

Nascimento, velhice, doença e morte são sofrimento.

Tristeza, ira, inveja, temor, ansiedade, medo e desespero são sofrimento.

A ausência daquilo que amamos é sofrimento.

A presença daquilo que odiamos é sofrimento.

O desejo é sofrimento.

A aversão é sofrimento.

Esta é a primeira Nobre Verdade.

Irmãos, a segunda Nobre Verdade é a causa do sofrimento.

---

[4] As outras duas partes são o *Vinayapitaka*, que diz respeito às regras de comportamento dos monges, e o *Abhidhammapitaka*, que expõe a doutrina (entendida como teoria).

A causa do sofrimento é o apego.
Por sua vez, o apego é causado pela ignorância.
A ignorância que causa o apego é a ignorância da realidade, a ignorância de que a realidade é impermanente.
A ignorância da realidade produz o apego porque se acredita ser permanente o que é impermanente.
O apego produz a tristeza, a ira, a inveja, o temor, a ansiedade, o medo e o desespero.
Essa é a segunda Nobre Verdade.
Irmãos, a terceira Nobre Verdade é a extinção do sofrimento.
O sofrimento pode se extinguir com a eliminação de sua causa, isto é, da ignorância e, portanto, do apego.
Esta é a terceira Nobre Verdade.
Irmãos, a quarta Nobre Verdade é o caminho que conduz à extinção do sofrimento: é o Nobre Caminho Óctuplo.
Esta é a quarta Nobre Verdade.[5]

O Nobre Caminho Óctuplo

Irmãos, chamo de Caminho Reto o Nobre Caminho Óctuplo da Compreensão Reta, do Pensamento Reto, da Palavra Reta, da Ação Reta, dos Meios Retos de Subsistência, do Esforço Reto, da Presença Mental Reta e da Concentração Reta.[6]

---

[5] *Suttapitaka, Majjhima-Nikaya, Saccavibhanga Sutta.*
[6] Os termos usados nas definições dos Nobre Caminho Óctuplo mudam nas diferentes tradições e, portanto, nos diversos cânones, e também são diferentes nas diferentes traduções ocidentais. Os citados são os utilizados no já citado *Vita di Sidarta il Buddha*, de Thich Nhat Hanh, por ser mais facilmente acessível ao leitor ocidental.

Seguindo o Nobre Caminho Óctuplo, alcancei a compreensão, a libertação e a paz.

Irmãos, por que chamo esse caminho de Caminho Reto?

Eu o chamo Reto porque não nega o sofrimento, porém indica na experiência direta do sofrimento o meio para superá-lo.

O Nobre Caminho Óctuplo é o caminho da consciência, fundamentado na Presença Mental Reta.

Com a prática da Presença Mental Reta, desenvolve-se a Concentração Reta, que permite alcançar a Compreensão Reta.

Mediante a Concentração Reta, concretizam-se a Compreensão Reta, o Pensamento Reto, a Palavra Reta, a Ação Reta, os Meios Retos de Subsistência e o Esforço Reto.

A consciência que se desenvolve a partir daí liberta dos grilhões do sofrimento e leva ao nascimento da verdadeira paz e da verdadeira alegria.[7]

As Quatro Nobres Verdades e o Nobre Caminho Óctuplo constituem, assim, o núcleo do **ensinamento original de Buda**.

Não obstante, não creia que as Quatro Nobres Verdades e o Nobre Caminho Óctuplo sejam muito pouco para construir algo como o budismo.

Elas constituem prescrições importantes e exigentes em termos de *atitudes psicológicas* e de *comportamento*.

E são mais do que suficientes. Naturalmente, com alguns aprofundamentos que podemos encontrar na própria literatura budista.

---

[7] *Suttapitaka, Majjhima-Nikaya, Pasarasi Sutta.*

Na medida em que as Quatro Nobres Verdades e o Nobre Caminho Óctuplo constituem a essência do budismo e descrevem a prática à qual devemos nos aplicar para concretizar a budeidade, é necessário esclarecer e aprofundar bem em que consistem esses conceitos.

Começaremos por examinar as Quatro Nobres Verdades.

Quarto capítulo
As Quatro Nobres Verdades

As Quatro Nobres Verdades falam do *sofrimento*.

São enunciações que concernem: 1) à difusão do sofrimento; 2) à sua causa; 3) ao meio para sua extinção; e 4) à modalidade de sua extinção.

Esclarecendo melhor:

1
A existência do sofrimento
CONSTATAÇÃO DA DIFUSÃO DO SOFRIMENTO

2
A causa do sofrimento
DETERMINAÇÃO DA CAUSA DO SOFRIMENTO:
IGNORÂNCIA DA NATUREZA IMPERMANENTE
DA REALIDADE

3
Extinção do sofrimento
INDICAÇÃO DO MEIO PARA A EXTINÇÃO
DO SOFRIMENTO: CONSCIÊNCIA DA NATUREZA
IMPERMANENTE DA REALIDADE

4
A senda que conduz à extinção do sofrimento
MODALIDADE DA EXTINÇÃO DO SOFRIMENTO: PRÁTICA DO NOBRE CAMINHO ÓCTUPLO

As Quatro Nobres Verdades constituem a *premissa* do budismo.

Elas afirmam que o sofrimento é muito difundido, que se deve a uma visão errônea da realidade, que pode ser eliminado mediante uma visão correta e que esta última pode ser concretizada e mantida com a prática do Nobre Caminho Óctuplo.

Como o sofrimento ao qual Buda se refere é um sofrimento sistemático e permanente, subentende-se que se trata de um *sofrimento neurótico*.

O ordenamento do Eu — portanto, o ordenamento normal da personalidade humana — é, efetivamente, de acordo com a psicologia budista, um ordenamento *neurótico*.[1]

Essa afirmação, aparentemente paradoxal, pode ser demonstrada, seja teoricamente, seja experimentalmente.

Teoricamente, ela se refere ao ordenamento psíquico de uma personalidade atraída e absorta na expansão simbólica do *Eu* e no desenvolvimento anormal do *pensamento*.

---

[1] "Poderíamos iniciar discutindo a origem de todos os problemas psicológicos, a origem da mente neurótica. É uma tendência a se identificar com os desejos e os conflitos que guardam uma relação com o mundo exterior. E, imediatamente, a pergunta que se impõe é se esses conflitos existem realmente no exterior ou se, ao contrário, são internos" (Chôgyam Trungpa, *Glimpses of Abhidharma*, 1975; trad. it. *Lineamenti dell'Abhidharma*, Ubaldini, Roma, 1980, pág. 13).

Desde que o ser humano deu início à evolução psíquica que transformou o pensamento em sua principal atividade perceptiva, seu *Eu*, isto é, a imagem que o ser humano tem de si mesmo, superou os limites naturais de seu corpo.

Nosso Eu estendeu-se a nossas posses materiais, nossa consistência econômica, nossos vínculos afetivos (portanto, a outros seres vivos), nossos papéis sociais, nossos estados psíquicos, nossos protocolos comportamentais e às imagens estereotipadas de nossa cultura.

Em outros termos, a *símbolos conceituais*.

Assim, hoje não nos identificamos apenas com nosso corpo, mas também com nossa casa, nosso automóvel, nosso televisor, nossa conta bancária, nossos parentes, nossos amigos, nossa profissão, nosso prestígio, nosso papel social.

De acordo com a psicologia budista, esta é a raiz da neurose e, portanto, do sofrimento humano.

Ela constitui um processo neurótico porque constitui um processo de afastamento da realidade, isto é, da coincidência natural do *Eu* com o corpo.

Na neurose, o *Eu* se identifica com uma série sempre maior e mais complexa de *símbolos mentais* construídos sobre a base de valores *sociais* ou *culturais*, mas não naturais.

O sofrimento deriva, evidentemente, de uma dilatação do estado de vulnerabilidade do Eu, que aumenta com a ampliação do número dos objetos com os quais ele se identifica.

Experimentalmente, o estado recorrente de sofrimento psíquico do ser humano pode ser observado com clareza por qualquer pessoa.

Hoje, com o surgimento da cultura de consumo baseada não somente na posse e no prestígio social, como sempre aconteceu na história humana, mas também na capacidade de produção e de consumo, a situação certamente ficou pior: a difusão da neurose e, consequentemente, do sofrimento psíquico é um fato que pode ser constatado por qualquer pessoa.[2]

O estado de budeidade é simplesmente o estado natural de não neurose.

É assim, portanto, que se explica o fato de que a *budeidade* pode ser alcançada por qualquer pessoa, como declarou Buda: porque não é um estado excepcional, sobre-humano, mas simplesmente o *estado natural*, que, por ser pouco difundido, acaba por ser comumente considerado *excepcional*.[3]

O estado de budeidade pode, portanto, ser alcançado seguindo o Nobre Caminho Óctuplo.

Examinemos um a um.

---

[2] O que nos torna neuróticos não é tanto a vida frenética que levamos quanto a *postura mental* que assumimos a seu respeito: como se nossa felicidade dependesse realmente do sucesso. Isso produz *estresse* em nós, que é exatamente o contrário da serenidade. A felicidade é essencialmente *serenidade* e, em consequencia, a serenidade é o termômetro de nossa felicidade, e não o sucesso. O estado de budeidade nos possibilita alcançar justamente a serenidade, sem renunciar ao sucesso.

[3] "Não somos normais e naturais. Somos absolutamente anormais, estamos doentes, somos loucos! Só que, uma vez que todos são como nós, não nos damos conta disto: a loucura é tão normal que não ser louco parece ser anormal. Buda é anormal" (Osho Reineesh, *Tantra, spirituality and sex*, 1984; trad. it. *Commenti al Vigyana Bhairava*, ECIG, Gênova, 1992).

Quinto capítulo
A Compreensão Reta

Sorriu e levantou o olhar para uma folha de pipal que se destacava contra o céu azul e cuja ponta tremulava em sua direção como se o estivesse chamando.

Observando-a detidamente, Gautama distinguiu nela com clareza a presença do sol e das estrelas, porque, sem sol e sem estrelas, aquela folha não teria jamais existido.

E viu a terra, o tempo, o espaço: todos presentes dentro da folha.

Na verdade, naquele preciso momento, o universo inteiro manifestava-se na folha.

A realidade da folha era um milagre estarrecedor.

Percebeu que é a existência de todas as coisas que torna possível a existência de cada coisa.

A unidade contém o todo e o todo é contido na unidade.

A folha e seu corpo eram uma coisa só.

Nenhum dos dois tinha um eu permanente e separado; nenhum dos dois podia existir independentemente do restante do universo.

Ao ver a natureza interdependente de todas as coisas, Sidarta também percebeu-lhes a natureza vazia: todas as coisas são vazias de um eu separado e isolado.

Compreendeu que a chave da libertação se encontra nos dois princípios da interdependência e do não eu.

Iluminando os rios das percepções, Sidarta compreendeu que a impermanência e a ausência de um eu são as condições indispensáveis à vida.

Sem impermanência, sem a falta de um eu, nada poderia crescer e se desenvolver.

Se um grão de arroz não apresentasse a natureza da impermanência e do não eu, não poderia se transformar em uma plantinha.

Se as nuvens não estivessem privadas de um eu e não fossem impermanentes, não poderiam se transformar em chuva.

Sem a natureza impermanente e isenta de um eu, uma criança não poderia se tornar adulta.

Portanto, aceitar a vida significa aceitar a impermanência e a ausência de um eu.

A causa do sofrimento é a noção falsa da permanência e de um eu separado.

Ao ver isso, Sidarta chegou à compreensão de que não há nem nascimento nem morte, nem criação nem destruição, nem unidade nem pluralidade, nem dentro nem fora, nem grande nem pequeno, nem puro nem impuro.

Todas essas são falsas distinções criadas pelo intelecto.

Ao penetrar na natureza vazia das coisas, as barreiras mentais são vencidas e é possível libertar-se do ciclo do sofrimento.[1]

---

[1] *Buddhacarita*, III, 22 (poema composto provavelmente na primeira metade do século I d.C. por Ashvaghosa).

A Compreensão Reta foi transmitida pela tradição com o nome de *Iluminação*.

Mas o que é concretamente a Compreensão Reta?

Evidentemente, é a *compreensão da verdadeira natureza da realidade*.

Para esclarecer melhor essa ideia, podemos dizer, mais apropriadamente, que a Compreensão Reta consiste no *conhecimento* da verdadeira natureza da realidade.

Efetivamente, a ignorância da realidade, que é o exato oposto do conhecimento, é considerada por Buda a causa do sofrimento:

Irmãos, a causa do sofrimento é a ignorância. Por causa da ignorância, os homens não enxergam a realidade da vida e se deixam aprisionar pelas chamas do desejo, da ira, da inveja, da angústia, do temor, do medo e do desespero.[2]

Portanto, podemos chamá-la, mais apropriadamente, de **conhecimento reto**.[3]

O *conhecimento reto* consiste, portanto, em um conhecimento correto da realidade, não alterado pela ignorância.

Mas o que é verdadeiramente a *realidade*?

É clara a definição atribuída a Buda pela tradição:

---

[2] *Suttapitaka, Samyutta-Nikaya, Dhammacakkapavattana Sutta.*
[3] Em uma respeitada tradução italiana dos Antigos Cânones, *La rivelazione del Buddha*, vol. I, I Meridiani, Mondadori, Milão, 2001, ela é definida como "Visão Reta" (p. 7).

A realidade é mudança contínua.

Em outros termos, a realidade, como disse Buda, é *impermanente*.

Toda a nossa experiência nos demonstra isto: as coisas e as pessoas à nossa volta mudam continuamente e nós próprios mudamos continuamente.

As situações mudam continuamente.
Nosso corpo muda continuamente.
Nossa mente muda continuamente.
O universo à nossa volta muda continuamente.
Mas a descoberta de Buda não parou por aí.
Ele descobriu também que *a existência de cada coisa está condicionada à existência de todas as outras.*

Cada coisa está condicionada
a todas as outras.

Essa verdade também é demonstrada por toda a nossa experiência.

Um animal poderia existir sem os animais que o geraram e sem todos os animais que o precederam na evolução?

E os animais poderiam existir sem as plantas que os alimentam?

E as plantas poderiam existir sem a água e o sol?

E nosso planeta e nosso sol poderiam existir sem o restante do universo?

E você poderia existir sem o universo?

Pense também no seguinte, que é lindíssimo: este universo não poderia existir sem você.[4]

Com efeito, não seria *este* universo.

Você é necessário ou necessária para a existência deste universo, da mesma forma que este universo é necessário para sua existência.

Porque cada coisa está ligada a todo o resto.

Nada pode existir *independentemente de todo o resto*.

Este é o sentido da expressão "isento de um eu" ou "não eu": nada é capaz de existir *por si só*, isto é, sozinha, sem o restante do universo.

Como vimos, a descoberta de que a realidade é feita de coisas em transformação contínua e todas ligadas entre si constitui a famosa *Iluminação*.

O **conhecimento reto**, portanto, cede lugar à **Iluminação**.

*A famosa Iluminação de Buda
não é outra coisa senão
a Compreensão Reta ou Conhecimento*

Sidarta considerou a descoberta da verdadeira natureza da realidade tão importante e central, a ponto de se constituir em uma verdadeira e própria *Iluminação*, um evento que o levou a definir a si mesmo como o Buda, o Iluminado.

Por quê?

---

[4] É o que sempre digo aos deprimidos. Por um momento, isso lhes fornece alívio, mas depois eles recaem em seu pensamento obsessivo: que o universo foi criado com o objetivo exclusivo de sacaneá-los.

Evidentemente, não é o conhecimento da verdade em si que é tão importante.
Sabemos que o interesse de Buda não era o conhecimento, mas a libertação do sofrimento.
Um interesse *prático*.
Está bem, já entendi que a realidade é feita de coisas em transformação contínua e todas interligadas entre si.
E daí?
O que devo fazer com essa descoberta?
O que me acrescenta isso?
O que isso me acrescenta é o seguinte: se tudo está em transformação contínua, *não posso me apegar a nada*.

Não podemos nos apegar a nada.

Porque não existe nada de imutável, que permaneça igual a si mesmo no tempo.
Crer nisso constitui uma *ilusão*.[5]

---

[5] Se, na realidade, não existe nada de imutável, por que nos convencemos de que há coisas imutáveis? Como é que nosso cérebro pode criar essa ilusão? Nossa vida é como um filme, um processo dinâmico não reversível, mas registramos em nossa memória instantâneos, fotogramas estáticos e imutáveis dos objetos, das pessoas e dos acontecimentos. E esses fotogramas, que assumimos como nossa representação da realidade, nos quais há objetos e pessoas paradas no tempo, são imutáveis. Essas são as certezas mentais às quais nossa personalidade infantil se apega para satisfazer a própria exigência de proteção e segurança que só pode ser satisfeita por uma imutabilidade isenta de mudanças. Contudo, trata-se de uma ilusão que o conhecimento da verdadeira natureza dinâmica da realidade, explicitada por Buda, apaga inexoravelmente. O problema se torna, então, a aceitação da realidade em sua transformação contínua e, portanto, em sua ausência de certezas imutáveis. Nossa personalidade infantil é incapaz de tal aceitação e, assim, o conhecimento da realidade (e o budismo nos leva a isso) nos obriga a identificarmo-nos com nossa personalidade adulta,

Portanto, somos obrigados, por força da evidência existencial e coerência mental, a desenvolver o **desapego**.

O *desapego é a chave psicológica que abre a porta da libertação do sofrimento.*

O desapego leva à libertação do sofrimento.

Efetivamente, é evidente que, se eu não me apego mais a nada, todas as minhas preocupações, meus problemas, minhas angústias, meus medos, o sofrimento psíquico, portanto, se esvaecem como manteiga ao sol.

Porque o sofrimento deriva do *apego a uma situação diferente daquela que existe*: do desejo de algo que não tenho ou da aversão a algo que tenho.

O sofrimento, afirma a tradição budista, *deriva ou da separação daquilo que se ama ou da união com aquilo que se odeia.*

Portanto, o desapego resolve a tarefa inicial à qual Buda se aplicara: eliminar o sofrimento.

Assim, resumidamente:

---

que, por ser autossuficiente enquanto fundada sobre si mesma, não tem necessidade alguma de se agarrar a certezas externas imutáveis. Eis então que o budismo se torna também um veículo de *crescimento psicológico*, de passagem da personalidade infantil para a personalidade adulta, promovendo nossa evolução psicológica natural. Para aprofundar este tema, veja meu livro *Alla ricerca delle coccole perduto*, op. cit.

A Compreensão Reta

O Conhecimento Reto (Iluminação) consiste na consciência de que os objetos e as pessoas mudam continuamente e são todos interligados entre si e, portanto, no desenvolvimento do desapego.

Esse primeiro preceito, o desapego, seria suficiente para concretizar o budismo pregado por Buda e eliminar o sofrimento psíquico de nossa vida.

É evidente que esse é um preceito *psicológico*, na medida em que prescreve uma *postura mental* particular: o enxergar a realidade do jeito que é.

No entanto, Buda, como exímio psicólogo que era, se dera conta de que uma pessoa comum não consegue facilmente conquistar e conservar a consciência da impermanência da realidade e comportar-se e agir em consonância com ela.

Uma pessoa comum precisa saber concretamente como se comportar e como agir, para manter essa consciência e torná-la operante.

Seguem-se, então, os outros sete princípios do Nobre Caminho Óctuplo.

Sexto capítulo
O Pensamento Reto

Irmãos, pratiquem o Pensamento Reto.
O Pensamento Reto consiste em não haver confusão, distração, ira, ódio, desejo, libido.[1]
Irmãos, o Pensamento Reto consiste no amor universal.[2]

Mas o que é concretamente o Pensamento Reto?
Evidentemente, é um pensamento em que não há *sofrimento*.
E o que é que constitui o sofrimento, em nosso pensamento?
Buda já disse: *confusão, distração, ira, ódio, desejo e libido.*
É necessário eliminá-los.
Mas como?

Irmãos, a confusão e a distração, a ira e o ódio, o desejo e a libido podem ser vencidos praticando as Quatro Contemplações.

---

[1] *Vinayapitaka, Vibhanga Sutta.*
[2] *Suttapitaka, Majjhima-Nikaya, Piyajatika Sutta.*

Para vencer a confusão e a distração, pratiquem a contemplação da respiração: com ela, sua mente ficará clara e sua concentração, poderosa.

Para vencer a ira e o ódio, pratiquem a contemplação da compaixão: ela trará luz sobre as causas da ira e do ódio presentes em sua mente e na daqueles que os suscitaram em vocês.

Para vencer o desejo, pratiquem a contemplação da impermanência: ela lançará luz sobre o início e o fim de todas as coisas.

Para vencer a libido, pratiquem a contemplação da morte: ela lançará luz sobre o desfazer-se de todas as coisas.[3]

Confusão, distração, ira, ódio, desejo e libido constituem, evidentemente, *pensamentos negativos*.
Mas não é suficiente eliminar o pensamento negativo.
Também é preciso construir o *pensamento positivo*.
Quais são os pensamentos positivos?

A gentileza amorosa, a compaixão, a alegria compartilhada e o não apego são estados mentais maravilhosos e profundos.
Eu os chamo de os Quatro Incomensuráveis.
Ao praticá-los, você se tornará uma fonte de vitalidade e de felicidade para todos os seres.[4]

Em uma palavra, o *amor universal*.

---

[3] *Vinayapitaka, Vibhanga Sutta.*
[4] *Suttapitaka, Majjhima-Nikaya, Cularahulovada Sutta.*

O Pensamento Reto consiste, portanto, na eliminação sistemática do pensamento negativo e na construção sistemática do pensamento positivo.

*O Pensamento Reto
consiste na
eliminação do pensamento negativo
e na
construção do pensamento positivo.*

Sétimo capítulo

A Palavra Reta
A Ação Reta
Os Meios Retos de Subsistência

A Palavra Reta, a Ação Reta, os Meios Retos de Subsistência consistem em não cometer violência contra qualquer ser vivo, nem contra os outros, nem contra nós mesmos, nem em pensamento, nem com palavras ou ações.[1]

Como se pode ver, a Palavra Reta, a Ação Reta e os Meios Retos de Subsistência constituem mais *preceitos morais* do que verdadeiros e próprios procedimentos psicológicos.

Eles são concretizados pela tradição budista nos *Cinco Preceitos.*

Meus discípulos esforçam-se para viver simples e conscientemente e empenham-se em aplicar os Cinco Preceitos, que são: não matar, não roubar, não cometer violência, falar de acordo com a verdade e abster-se de usar substâncias que obscureçam a mente.[2]

---

[1] Vinayapitaka, Mahavagga Sutta.
[2] Ibidem.

Os Cinco Preceitos são normas de vida que tendem a nos colocar em condições de não gerar sofrimento, mas não têm a possibilidade, por si, de nos libertar do sofrimento neurótico depois de este ter-se instaurado.

Portanto, podemos excluí-los de nosso método para a obtenção da budeidade.

Não obstante, é necessário prestar um esclarecimento.

O que vêm a ser os Meios Retos de Subsistência?

Nada mais do que a *profissão* que é praticada para garantir justamente os meios de subsistência.[3]

Sem exigir que todos se tornem monges, a tradição budista determina que se exerça uma profissão que não leve a transgredir os Cinco Preceitos.

Assim, por exemplo, assassinos, traficantes de droga e de armas não podem alcançar o estado de budeidade.

Não pelo fato de que essas profissões sejam *imorais.*

O budismo não propõe questões de moralidade.

Mas porque o *sentimento de culpa,* ainda que inconsciente, que pode derivar do exercício dessas profissões é causa de sofrimento psíquico indelével mesmo com a prática do budismo, na medida em que é constantemente renovado pelo exercício da profissão.

Efetivamente, dedicar-se a uma profissão que produz sofrimento aos outros dá lugar, no longo prazo, a um sofrimento também dentro de si, justamente pelo fato de que gera *sentimento de culpa.*

Portanto, é necessário praticar uma profissão que não produza sofrimento, nem em nós, nem nos outros.

---

[3] Em *La rivelazione del Buddha,* op. cit., o quinto Correto Caminho é definida "Modo Reto de Viver" (p. 7).

É evidente que o sentimento de culpa depende dos preceitos morais segundo os quais o indivíduo foi criado.

No budismo, não há uma instância moral do tipo kantiano, tipicamente ocidental, em que se afirma que o bem moral é um valor por si só.

Existe, pelo contrário, a atribuição de um valor *instrumental* para a moralidade.

Entretanto, nem por isso ele é menos imperativo.

Com efeito, ele é dirigido ao bem-estar psíquico e, portanto, à sobrevivência.

Em outros termos, é preciso fazer o bem, ou melhor, não praticar o mal, isto é, não provocar o sofrimento dos seres vivos, não porque isso é um bem absoluto por si só, mas porque provocar o sofrimento de seres vivos cria em nós um *sentimento de culpa* que se torna causa de sofrimento para nós próprios.

Contrariamente ao que ocorre na tradição ocidental, essa abordagem da moralidade, que é verdadeiramente *psicológica*, leva em consideração a dimensão histórica e cultural da moral.

Efetivamente, para um caçador de cabeças da Amazônia, decapitar o inimigo, recolher-lhe a cabeça e pendurá-la na cintura é um ato de elevado mérito social e não produz qualquer sentimento de culpa.[4]

O mesmo aconteceu, e acontece, a todos os combatentes de todos os tempos e de todos os países, quando matam outros seres humanos em nome dos mais diversos ideais ou interesses sociais pelos quais lutam.

---

[4] Pelo contrário, na Amazônia, quanto mais cabecinhas você tiver penduradas na cintura, mais você vai se dar bem. Como acontece com o dinheiro entre nós.

A expressão "praticar o mal" e, portanto, sofrer de sentimento de culpa assume, em última análise, um significado em relação à moral corrente da sociedade na qual se foi educado.

Assim, o que é importante é eliminar as causas mais ou menos inconscientes do sentimento de culpa e, portanto, do sofrimento psíquico, que não podem ser totalmente eliminadas com a prática do budismo e que não devem ser geradas por meio de uma conduta de vida contrária à moral na qual se foi educado.

As regras morais transmitidas pela tradição budista são as regras morais comuns à quase totalidade das culturas humanas, que Buda pôde assumir como absolutas.[5]

---

[5] Veja, por exemplo, As Tábuas da Lei.

Oitavo capítulo
O Esforço Reto

Irmãos, sei que a atenção de vocês está presa ao mundo imaginário de seu pensamento.
Irmãos, sei que olhar para dentro de vocês mesmos exige esforço de vontade.
Irmãos, esforcem-se para olhar para dentro de vocês.
Concentrem sua atenção em seu pensamento, observem como ele nasce, cresce e morre, como ele é impermanente e como seus fantasmas não são reais.
Irmãos, ao se esforçarem para olhar para dentro de si, vocês se libertarão dos fantasmas de seu pensamento.
Então, a atenção de vocês poderá ser voltada para a realidade a seu redor e ela se revelará para vocês em toda a sua beleza e alegria.
Vocês descobrirão que não há sofrimento na realidade: o sofrimento está somente em seu pensamento.
Irmãos, realizem o Esforço Reto da concentração da atenção sobre suas sensações, sobre suas emoções e sobre seu pensamento e vocês concretizarão a Concentração Reta.[1]

---
[1] *Suttapitaka, Majjhima-Nikaya, Satipatthana Sutta.*

Portanto:

O Esforço Reto consiste na vontade de praticar a Concentração Reta.

A observação do próprio pensamento requer, com efeito, *um esforço*.

Por quê?

Porque nossa atenção é normalmente *atraída* por nossos pensamentos até o ponto em que *nos tornamos nossos pensamentos*.

Quando um pensamento atravessa nossa consciência (por exemplo: "Sou um fracasso"), assumimos esse pensamento como verdadeiro e *nos tornamos* esse pensamento.

É por isso que sofremos.

Nosso Eu se identifica com nossos pensamentos.

É *atraído* por nossos pensamentos.

Essa atração é poderosíssima.

É realmente necessário fazer *um esforço* para se subtrair a ela.

O *hábito*, ou melhor, o *automatismo* nos mantém reféns de nosso pensamento, de nossa mente.

Sair da mente, tornar-se observador de nosso próprio pensamento e praticar a Concentração Reta não é, por si, algo difícil de fazer: o difícil é *lembrar-se* de fazê-lo.

É por isso, inclusive, que, dentre os princípios do Nobre Caminho Óctuplo, Buda listou o Esforço Reto quase como se fosse uma senda à parte, ao lado dos outros sete.

Entretanto, ele é simplesmente introdutório ao oitavo princípio, o último e mais importante: a Concentração Reta.

Nono capítulo
A Presença Mental Reta

Vocês são crianças inteligentes e tenho certeza de que podem compreender e colocar em prática aquilo que lhes direi.
Crianças, ao comerem uma tangerina vocês podem fazê-lo de forma consciente ou distraidamente.
O que significa comer uma tangerina conscientemente?
Comer uma tangerina sabendo que a estão comendo.
Saboreando plenamente a fragrância e a doçura.
Crianças, o que significa comer uma tangerina sem consciência?
Comer uma tangerina sem saber que a estão comendo.
Não saboreando a fragrância e a doçura.
Ao fazerem isso, vocês não poderão apreciar a natureza esplêndida e preciosa da tangerina.
Se vocês não tiverem a consciência de a estarem comendo, a tangerina não será real.
Se a tangerina não for real, quem a estiver comendo também não será real.
Eis o que significa comer uma tangerina sem consciência.
Crianças, comer uma tangerina com presença mental significa estar verdadeiramente em contato com a realidade.

A mente de vocês não persegue os pensamentos relativos a ontem ou a amanhã, mas vive totalmente no momento presente.

Viver com presença mental e consciência quer dizer viver no momento presente, com o corpo e a mente que se atêm ao aqui e agora.[2]

A Presença Mental Reta consiste, portanto, em *voltar a própria atenção para a realidade que nos circunda, aqui e agora, e interagir com ela.*

Chamá-la-emos, mais apropriadamente, de **presença na realidade**.

*A Presença Mental Reta consiste
na presença na realidade.*

A presença na realidade é fundamental para a concretização da budeidade, na medida em que, não estando voltada obsessivamente para dentro dos próprios pensamentos, mas para fora, para a realidade, ela é um estado psicológico *não neurótico*.

Portanto, é necessário aplicar sistematicamente a própria atenção para a realidade.

E viver na realidade.

---

[2] *Suttapitaka, Majjhima-Nikaya, Staipatthana Sutta.*

Décimo capítulo
A Concentração Reta

Irmãos, pratiquem a Concentração Reta.
A Concentração Reta é o mais nobre princípio do Nobre Caminho Óctuplo.
A Concentração Reta consiste em se concentrar no pensamento.
A concentração no pensamento consiste na observação desprendida dos próprios pensamentos.
Observem com desprendimento seus pensamentos como observam com desprendimento o voo longínquo das aves na paz da noite.
Aprendam com a terra: independentemente de estar sendo salpicada com flores cheirosas ou coberta com fezes, a terra recebe todas as coisas com equanimidade, sem preferências ou aversões.
Quando um pensamento nascer, agradável ou desagradável, não deixe que ele os aprisione e não se tornem seus escravos.
Observem-no com desprendimento e deixem-no ir: ele não crescerá dentro de vocês e não produzirá o fruto envenenado do sofrimento.
Se vocês fizerem seus pensamentos crescerem, eles se tornarão poderosíssimos e tomarão conta de vocês, escravizando-os.

Ao observarem com desprendimento seu pensamento, vocês descobrirão uma grande verdade insuspeitada: que seu pensamento não é o produto da vontade própria, mas uma planta autônoma e independente, alimentada pelo apego, e que suas raízes se aprofundam no medo.

Ao praticar a observação desprendida do pensamento, os pensamentos vãos cessarão e vocês alcançarão a Consciência Pura.

A consciência desprendida do pensamento, quando praticada constantemente, conduz à Libertação.

Irmãos, antes de aprender a observar o pensamento com desprendimento, devem aprender a observar e a acalmar sua respiração, seu corpo e suas emoções.

Quando vocês tiverem acalmado sua respiração, seu corpo e suas emoções, pratiquem continuadamente a observação desprendida do pensamento.

A consciência desprendida do pensamento, juntamente com a observação consciente da respiração, reforça a concentração.

Com a concentração, vocês poderão enxergar profundamente a natureza das cinco modalidades da percepção: sensações, emoções, pensamentos, vontade e consciência.[1]

As cinco modalidades da percepção são como cinco cursos d'água nos quais não nos é dado encontrar nada de separado e de permanente: o assim chamado "si".

Ao meditar sobre as cinco modalidades da percepção presentes dentro de vocês, verão a íntima e estarrecedora relação existente entre vocês e todas as coisas do universo.

Observem, em particular, suas emoções.

---

[1] Trata-se dos cinco *Skandha*. Os termos usados aqui diferem dos tradicionais para maior clareza. Para aprofundar-se neles, veja Chôgyam Trungpa, *Lineamenti dell'Abhidharma*, op. cit.

*As emoções são a própria matéria de seu sofrimento.
Elas têm origem no pensamento.
Ao verem a origem das emoções no pensamento, vocês compreenderão sua natureza impermanente.
Verão como as emoções nascem e morrem, tal como o pensamento e como todos os fenômenos mentais e materiais.
Ao verem que as emoções são impermanentes, aos poucos vocês se tornarão equânimes diante de seu nascimento e de sua morte.
A maior parte das emoções provém do pensamento errôneo, que considera permanente aquilo que é impermanente.
Erradicando as visões errôneas, o sofrimento cessa.
Quando vocês tiverem aprendido a praticar a consciência da respiração e do pensamento, poderão obter facilmente o vazio mental.
O vazio mental é a condição natural da mente, como o repouso é a condição natural do corpo.*[2]

Se definirmos como "mente" o conjunto de nossos pensamentos, de nossas emoções e de nossas sensações, poderemos definir a Concentração Reta como a **observação desprendida da mente**.[3]

A Concentração Reta consiste na observação desprendida da mente.

---

[2] *Suttapitaka, Majjhima-Nikaya, Cularahulovada Sutta.*
[3] Que fique claro que o termo "mente" não indica um *objeto*, mas um *ato*, ou melhor, um conjunto de atos, ou seja, um *processo* ou uma *função*, precisamente a função da *percepção*, que a psicologia budista subdivide nos cinco *Skandha* anteriormente citados.

Décimo primeiro capítulo
A essência do Nobre Caminho Óctuplo

Resumindo, de acordo com sua *essência*, podemos enunciar os Nobre Caminho Óctuplo como:

1
CONHECIMENTO RETO
CONSCIÊNCIA DA *MUDANÇA CONTÍNUA* E
INTERDEPENDÊNCIA DAS COISAS (ILUMINAÇÃO)
E, PORTANTO, *DESAPEGO*

2
PENSAMENTO RETO
ELIMINAÇÃO DO PENSAMENTO NEGATIVO
INVOLUNTÁRIO E PRODUÇÃO DE UM PENSAMENTO
POSITIVO VOLUNTÁRIO

3
PALAVRA RETA
(SECUNDÁRIO COMO PRECEITO NÃO PSICOLÓGICO,
PORÉM MORAL)

4
AÇÃO RETA
(SECUNDÁRIO COMO PRECEITO NÃO PSICOLÓGICO,
PORÉM MORAL)

5
MEIOS RETOS DE SUBSISTÊNCIA
(SECUNDÁRIO COMO PRECEITO NÃO PSICOLÓGICO, PORÉM MORAL)

6
ESFORÇO RETO
VONTADE DE ATUAÇÃO DA CONCENTRAÇÃO RETA
(SECUNDÁRIO COMO IMPLÍCITO)

7
PRESENÇA MENTAL RETA
ATENÇÃO À REALIDADE E À INTERAÇÃO COM ELA

8
CONCENTRAÇÃO RETA
OBSERVAÇÃO DESPRENDIDA DA MENTE

Portanto, este é essencialmente o budismo original, o que foi ensinado por Buda.

Como se pode ver, trata-se de uma disciplina não religiosa, porém *psicológica*.

Uma coisa é importante: não devemos nos alongar demasiadamente em discussões teóricas.

É preciso partir para a prática.

Com efeito, o budismo é **prática**.

Um budista é alguém que pratica o budismo, não alguém que fala a respeito.

Quem se dedica às discussões teóricas sobre o budismo não é budista, porém um estudioso do budismo.

Conforme Buda disse explicitamente em um trecho famoso, de acordo com a tradição:

Ainda que meu ensinamento não seja um dogma nem uma doutrina, é certo que alguns o entendem dessa forma. Preciso esclarecer plenamente que ensino um método para experimentar a realidade, e não a própria realidade, assim como um dedo que aponta para a lua não é a lua. Uma pessoa inteligente seguirá a direção indicada pelo dedo para ver a lua; mas quem olhar apenas para o dedo e o confundir com a lua jamais verá a verdadeira lua. Eu ensino um método para ser posto em prática, não algo em que se deve crer ou que se deve adorar. Meu ensinamento pode ser comparado com uma balsa que serve para atravessar um rio. Somente um tolo permanecerá agarrado à balsa depois de ter alcançado a outra margem, a margem da libertação.[1]

O budismo tem somente um objetivo *prático*: eliminar o sofrimento concretizando a **budeidade**, que consiste em um *estado permanente* de **serenidade**.

Então, agora a questão é: o que fazer, *na prática*, para alcançar a budeidade?

Sem dúvida, o Nobre Caminho Óctuplo constitui o *protocolo* que se deve seguir para alcançar a budeidade; mas o que resulta da aplicação desse protocolo, *na prática*?

E mais precisamente: o que devemos conseguir?

Isto é, quais devem ser os nossos *objetivos práticos*?

É preciso termos ideias bem claras a esse respeito, porque atingir o alvo é apenas uma questão de tempo: o importante é vê-lo com clareza, de modo a saber exatamente em que direção devemos apontar nossos esforços.

Analisemos, portanto, quais são os objetivos práticos do Nobre Caminho Óctuplo.

Esse será o objeto do próximo capítulo.

---

[1] *Suttapitaka, Majjhima-Nikaya, Dighanakha Sutta.*

Décimo segundo capítulo
Os objetivos práticos do Nobre Caminho Óctuplo

É importante compreender quais são os objetivos práticos do Nobre Caminho Óctuplo porque eles nos levarão à *budeidade* e, portanto, são eles que devemos concretizar.

Vimos que o primeiro correto caminho, o Conhecimento Reto, consiste na *consciência da mudança e da interdependência de todas as coisas* e que essa consciência constitui a *Iluminação*, que é o fundamento do budismo, a base sobre a qual ele se constrói.

Dele, deveria decorrer o *não apego*, que leva à libertação do sofrimento.

Entretanto, a consciência da mudança e da interdependência de todas as coisas é um objetivo puramente cognitivo, isto é, *intelectual*. O não apego é, ao contrário, um objetivo *comportamental*.

Portanto, este último é distinto do primeiro, no plano da realização.

Ademais, o desapego deriva propriamente da consciência da *mudança*, e não da interdependência. Assim, efetivamente, o **primeiro objetivo** é a **consciência da mudança**.

O primeiro objetivo é a
CONSCIÊNCIA DA MUDANÇA.

O *não apego* é o **segundo objetivo**.

O segundo objetivo é o
DESAPEGO.

Vimos que o segundo princípio, o Pensamento Reto, consiste na *eliminação do pensamento negativo involuntário, e na construção do pensamento positivo voluntário*, e que o oitavo princípio, a Concentração Reta, consiste na *observação desprendida da mente*.

Entretanto, ambas as ações se traduzem efetivamente no *controle sobre a mente*.

O *controle sobre a mente* é, assim, o **terceiro objetivo**.

O terceiro objetivo é o
CONTROLE SOBRE A MENTE.

Vimos que o terceiro, o quarto e o quinto corretos caminhos, a Palavra Reta, a Ação Reta e os Meios Retos de Subsistência consistem em *normas morais*, que, apesar de serem importantes, não constituem poderes psicológicos particulares a serem adquiridos: com efeito, nós os definimos como *secundários*.

Portanto, podemos não levá-los em consideração na medida em que não constituem objetivos *psicológicos* a serem alcançados com o fim de concretizar a budeidade.

Vimos que o sexto correto caminho, o Esforço Reto, consiste na *vontade de atuação da Concentração Reta*.

Portanto, ele não é, por si só, um objetivo particular, mas simplesmente a *vontade* de alcançar o terceiro objetivo, isto é, o controle sobre a mente.

Assim, podemos não listá-lo entre nossos objetivos, considerando-o implícito no empenho para sua realização.

Vimos, por fim, que o sétimo princípio, a Presença Reta Mental, consiste na *presença na realidade*, isto é, na atenção direcionada para a realidade e na interação consciente com ela.

A *presença na realidade* é, portanto, o **quarto objetivo** a ser alcançado.

O quarto objetivo é a
PRESENÇA NA REALIDADE.

Entretanto, há outro objetivo a ser alcançado para atingir realmente o estado de budeidade: o *amor universal*.

O próprio Buda menciona o *amor universal* a propósito do Pensamento Reto, indicando como essa é a dimensão mental do buda.

Irmãos, o Pensamento Reto consiste no pensamento no qual há amor universal.

Na realidade, o amor ao qual todos os seres aspiram é o amor universal.

Há compaixão e dedicação no amor universal.

Compaixão e dedicação têm como finalidade a felicidade de todos e não exigem nada em troca.

Sem elas e sem amor universal, a vida não tem alegria.

Com a compaixão e a dedicação aos outros, com o amor universal, a vida se enche de paz e de alegria.[1]

É no amor universal, efetivamente, e somente nele, que podemos encontrar *serenidade*.

O *amor universal* é, portanto, **o quinto objetivo** a ser alcançado.

O quinto objetivo é
O AMOR UNIVERSAL.

Recapitulando, portanto, **os objetivos práticos do Nobre Caminho Óctuplo** são:
    1. CONSCIÊNCIA DA MUDANÇA
    2. DESAPEGO
    3. CONTROLE SOBRE A MENTE
    4. PRESENÇA NA REALIDADE
    5. AMOR UNIVERSAL

Na medida em que cada um de nós tem, *potencialmente*, a capacidade de alcançar esses cinco objetivos, podemos dizer que eles constituem *poderes* que devemos simplesmente colocar em ação.

Com efeito, eles já estão presentes dentro de nós, conforme Buda disse.

Devemos unicamente *desenvolvê-los*.

---

[1] *Suttapitaka, Majjhima-Nikaya, Piyajatika Sutta.*

Décimo terceiro capítulo
Um método científico

É possível traduzir o ensinamento original de Buda em um *método científico*?

Para que seja um método científico, é preciso que:

1. *os elementos do problema a ser resolvido* sejam conhecidos;
2. seja elaborado um *procedimento para a solução;*
3. *a aplicação prática* desse procedimento seja possível a todos.

Inicialmente, apliquemo-nos ao aprofundamento dos *elementos do problema* de como se transformar em um buda.

Evidentemente, trata-se das *condições psicológicas* que possibilitam obter e conservar esse estado.

Essas condições psicológicas são precisamente os cinco *poderes* que detectamos no ensinamento original de Buda: *consciência da mudança, desapego, controle sobre a mente, presença na realidade* e *amor universal.*

Eles constituem um *protocolo operacional.*

Para que esse mesmo protocolo se constitua em um *procedimento científico de solução*, é necessário que sua aplicabilidade siga um *critério* de aplicação.

Ou seja, que os cinco poderes não sejam desvinculados e independentes entre si, mas que apresentem um *critério* que possibilite passar de um a outro.

Em termos técnicos, trata-se de uma *consequencialidade aplicativa*.

Efetivamente, somente assim podem constituir um *procedimento científico*.

Mas, por se tratar de condições psicológicas, é evidente que a consequencialidade aplicativa deve ser uma *consequencialidade psicológica*.

Em outras palavras, é necessário que cada um deles seja tornado possível, ou melhor, causado, por aquele que o precede no plano da realização psicológica.

Os cinco poderes de Buda devem, assim, ser examinados mais detidamente.

Começaremos pelo primeiro.

De que deriva a *consciência da mudança*?

Evidentemente, da observação da realidade.

Mas a observação da realidade é exercida por meio da *presença na realidade*.

Portanto, a presença na realidade precede a consciência da mudança.

Entretanto, a presença na realidade consiste em dirigir *a atenção para o exterior à mente* e, para fazer isso, é necessário que, antes, tenhamos libertado a mente do pensamento compulsivo, algo que poderemos conseguir unicamente se tivermos adquirido o *controle* sobre ela.

Portanto, o *controle sobre a mente* deve preceder a presença na realidade.

Assim, percebemos esta primeira sequência: 1) controle sobre a mente; 2) presença na realidade; 3) consciência da mudança.

Mas a consciência da mudança acarreta o quê? Evidentemente, o desapego.

O *desapego* será, assim, o quarto poder.

Por fim, justamente porque elimina o interesse pessoal, o desapego fornece acesso espontâneo ao *amor universal*, o quinto e maior poder de Buda.

Nosso projeto se resume, portanto, em alcançar, na ordem,

OS CINCO PODERES
DE BUDA

1. CONTROLE SOBRE A MENTE
2. PRESENÇA NA REALIDADE
3. CONSCIÊNCIA DA MUDANÇA
4. DESAPEGO
5. AMOR UNIVERSAL

Esse protocolo, que coincide essencialmente com o Nobre Caminho Óctuplo e, portanto, com o ensinamento original de Buda, apresenta a segunda condição científica requerida: a *consequencialidade aplicativa*, que, em nosso caso, é uma *consequencialidade psicológica*, na medida em que cada poder dá acesso, no plano psicológico, ao poder subsequente.[1]

---

[1] A consequencialidade psicológica dos *poderes* correspondentes ao Nobre Caminho Óctuplo é tão evidente que não podemos deixar de suspeitar que, muito provavelmente, foi esta a ordem original dos princípios enunciados por Buda.

Assim, tendo determinado o *procedimento para solucionar* o problema, resta-nos verificar sua *aplicabilidade prática*.

Para fazer isso, é necessário analisar pormenorizadamente *como* é possível concretizar os cinco poderes em questão.

Portanto, dedicarei os próximos capítulos a cada um deles.

Décimo quarto capítulo
O controle sobre a mente

O primeiro poder a ser conquistado, o *controle sobre a mente*, é muito importante e constitui o fundamento de todo o procedimento voltado a alcançar o estado de budeidade.

Como vimos, o próprio Buda declarou isto explicitamente:

A Concentração Reta é o mais nobre dos princípios do Nobre Caminho Óctuplo.

Portanto, devemos dedicar-lhe atenção particular e *determinação*: que é justamente o que Buda chamou de Esforço Reto.

Com efeito, para ativar o *controle sobre a mente*, torna-se necessário um *esforço de vontade*: os outros poderes são obtidos de forma mais espontânea depois de se ter conquistado o primeiro, mas até lá exige-se certo empenho.

O controle sobre a mente não é um poder invocado unicamente por Buda.

Ele foi apresentado como base da evolução espiritual e solicitado por todos os *iniciados*, desde Buda a Platão, passando por Sêneca, santo Agostinho, Pico della Mirandola, Maomé, Eckhart e Sai Baba.[1]

Para controlar a mente, afirma Buda, é necessário *observá-la*.

Isto é, observar as próprias sensações, as próprias emoções, os próprios pensamentos. Sobretudo os próprios *pensamentos*.

Porque o pensamento é a causa das emoções e, portanto, é o pensamento a causa do sofrimento.

Efetivamente, a emoção tem origem no *pensamento*.

Quando penso na perda de uma pessoa querida, uma emoção que chamo de "sofrimento" é produzida em mim.

Quando, ao contrário, penso em uma pessoa querida que está perto de mim, uma emoção que chamo de "prazer" é produzida dentro de mim.

Portanto, é o pensamento que produz nosso *sofrimento psíquico*.

Ora, é importante perceber que o pensamento que produz sofrimento *não é voluntário*.[2]

> **O pensamento que produz sofrimento não é voluntário.**

---

[1] "É necessário controlar e extinguir os conflitos dos desejos que afligem a mente, que deve se concentrar em uma única direção" (Sathya Sai Baba, *Prema Dhyana*; trad. it. *Fiume d'amore* [Rio de amor], Sathya, Turim, 1989, p. 11).
[2] Veja meu livro *Come smettere di farsi le seghe mentali e godersi la vita*, Ponte alle Grazie, Milão, 2003.

Com efeito, ninguém produz intencionalmente sofrimento para si, porque isso vai de encontro ao programa genético universal da sobrevivência.[3]

Quantas vezes aconteceu de querermos dormir, mas sermos mantidos acordados por pensamentos desagradáveis e até mesmo dolorosos!

Quantas vezes não queremos pensar em coisas desagradáveis e nos encontramos em uma posição de não poder evitar fazê-lo!

Quantas vezes não queremos pensar naquilo que perdemos, em nossos fracassos, em nossas desilusões, em nossos erros, e não conseguimos!

Quantas vezes não queremos pensar em nosso futuro, nas provações que nos esperam, nos perigos que correremos, no fim que podemos encontrar e não somos capazes de evitar esses pensamentos!

Não somos capazes de evitar ter pensamentos que nos fazem sofrer!

Contra a nossa vontade!

Mas como é possível nós próprios produzirmos nosso sofrimento psíquico, ainda que involuntariamente?

Como é possível produzirmos pensamentos involuntários?

Porque isso é produzido *automaticamente* por nossa *memória* (inconsciente).

Com efeito, o pensamento involuntário não é outra coisa senão a manifestação da *tensão* que deriva de

---

[3] Os masoquistas não são exceção: o sofrimento que eles se autoimpõem atenua seu sentimento de culpa e, portanto, em última análise, lhes garante exaltação do Eu e, assim, prazer.

traumas (agressões, ansiedade, medos, perdas, fracassos, inseguranças etc.) registrados por nossa *memória*.[4]

As agressões, as ansiedades, os medos, as perdas, os fracassos, as inseguranças que experimentamos permanecem gravados em nossa memória e se manifestam sob a forma de *pensamentos* que reevocamos e que reproduzem aquelas emoções.

Algo que se deve compreender e jamais esquecer é que o pensamento que nos provoca sofrimento é *o produto automático da tensão registrada em nossa memória*.

> *O pensamento que nos provoca sofrimento*
> *é o produto automático*
> *da tensão registrada em nossa memória.*

Nas condições de *neurose*, o pensamento que nos provoca sofrimento, também chamado de pensamento *tensivo*, constitui a quase totalidade de nossa atividade psíquica.

Como é que isso pode ocorrer?

Porque os pensamentos *se reproduzem*.[5]

> *Os pensamentos se reproduzem.*

---

[4] A tensão é realmente *tensão elétrica* que permanece nos circuitos neuroniais do cérebro e produz pensamentos enquanto seu processo natural de descarga: quando sofremos um trauma, a alteração mental que isso produz permanece na nossa mente ainda por muito tempo depois do trauma. Com efeito não paramos de pensar nele.

[5] A sedimentação dos pensamentos na memória acorre juntamente com todo o seu *caráter emotivo*: portanto, um pensamento que gera uma emoção é registrado junto com ela, e é justamente essa emoção que reevoca o pensamento. Quanto mais forte for a emoção, tanto mais frequentemente será reproduzido o pensamento que lhe é correlato.

Os pensamentos são como sementes que produzem plantas.[6]

E os pensamentos negativos produzem *plantas venenosas*.

Essas plantas venenosas constituem nosso *sofrimento*.

Portanto, o pensamento é a causa de nosso sofrimento psíquico e é precisamente isso o que Buda descobriu e sistematizou.

Assim, nosso controle deve ser aplicado ao pensamento.

O controle sobre a mente consiste no controle sobre o pensamento.

Buda dedicou dois princípios ao controle sobre o pensamento: o Pensamento Reto e a Concentração Reta.

O Pensamento Reto consiste, como vimos, na eliminação dos *pensamentos negativos* e na construção de *pensamentos positivos*.[7]

A primeira coisa que deve ser compreendida é que os pensamentos negativos são *involuntários*.[8]

---

[6] Na tradição iogue, o pensamento é justamente definido como "semente" (*bija*), na medida em que produz outros pensamentos: cf. Patanjali, *Yoga Sutra*, I, 46 e I, 51.

[7] Podemos definir, coerentemente com a tradição oriental, *negativos* todos os pensamentos que levem a uma *separação* (desconfiança, suspeita, antipatia, rancor, ódio etc.) e *positivos* todos aqueles que levem à *união* (confiança, aceitação, simpatia, benevolência, amor etc.).

[8] O pensamento negativo, na condição de produtor de sofrimento, é evidentemente involuntário: com efeito, ele é frequentemente compulsivo e, portanto, *neurótico*.

É evidente que os pensamentos positivos que devemos introduzir em nossa mente são, ao contrário, *voluntários*.

A operação que devemos realizar, no fim das contas, é substituir os *pensamentos negativos involuntários* por *pensamentos positivos voluntários*.

Trata-se, fundamentalmente, de fazer uma *higiene mental*.

Mas quais são os pensamentos negativos que devem ser substituídos?

E por quais pensamentos positivos?

De acordo com a tradição, Buda fez uma lista a esse respeito quando expôs as *Quatro Contemplações* e os *Quatro Incomensuráveis*.[9]

Podemos resumir o quadro da seguinte maneira, considerando o conjunto pensamento-emoção como uma coisa só:

PENSAMENTO NEGATIVO INVOLUNTÁRIO	PENSAMENTO POSITIVO VOLUNTÁRIO
Agitação	Concentração na respiração
Antipatia	Gentileza
Crueldade	Compaixão
Ira	Amor
Ódio	Compaixão
Apego	Reflexão sobre a impermanência
Libido	Reflexão sobre o fim de todas as coisas

Digamos logo que o recurso às Quatro Contemplações e aos Quatro Incomensuráveis propostos no Pensamento Reto é um *recurso extremo*.

---

[9] Cf. capítulo seis, *O Pensamento Reto*.

Isso deve ser feito somente no caso de *sofrimento muito forte*.

Isto é, no caso em que os pensamentos negativos invadem *sistematicamente* sua mente.

A prática *normal* do controle sobre a mente é aquela exposta na Concentração Reta. Ou seja, a *observação desprendida do pensamento*.

Conforme Buda disse:

Observe seus pensamentos com desprendimento, como observa o voo longínquo das aves na paz da noite.[10]

A observação desprendida do pensamento o *neutraliza*: tira-lhe a carga emotiva e, portanto, rompe a cadeia de seu *autorreforço* na memória e, consequentemente, sua força de reprodução.

Como isso ocorre?

Por meio de um ato de *desidentificação*.

Existe, com efeito, uma *lei psicológica:*

Somos dominados por tudo aquilo com que nos identificamos e dominamos tudo aquilo com que não nos identificamos.[11]

---

[10] *Suttapitaka, Majjhima-Nikaya, Cularahulovada Sutta.*
[11] R. Assagioli, *Psychosynthesis. A Manual of Principles and Techniques*, 1965; trad. it. *Principii e metodi della psicosintesi terapêutica*, Ubaldini, Roma, 1973, p. 28.

Quando somos invadidos por pensamentos que nos provocam sofrimento, normalmente assumimos aquilo como *nosso feito*: cremos que somos os *autores* desses pensamentos, nos *identificamos* com eles e os assumimos como *verdadeiros*.

Por exemplo, se houver em nossa mente o pensamento de uma perda e uma consequente emoção de medo, costumamos nos identificar com o autor daquele pensamento e com aquele que é invadido pelo medo.

A emoção do medo, assim, torna-se fortíssima.[12]

Ademais, isso faz com que aquele pensamento e aquele medo se gravem profundamente em nossa *memória* e se reproduzam insistentemente por muito tempo daí em diante.

Mas isso é algo *neurótico*, porque nós não somos os autores voluntários daquele pensamento: ele é produzido automaticamente por nossa memória, impulsionado pelo medo que foi registrado nela *no passado*.

A identificação de nosso Eu com aquele pensamento e com aquele medo faz com que, de acordo com a lei psicológica relatada, *sejamos dominados por ele*.[13]

---

[12] É como se o Eu, identificando-se com o pensamento e com a emoção que dele deriva, lhe cedesse sua energia, que constitui justamente *nossa energia psíquica* e, portanto, nossa própria *energia vital*.

[13] É como se o Eu tivesse uma força de gravidade própria que o precipita para dentro da mente, isto é, para dentro dos pensamentos, das sensações e das emoções, esquecendo-se e perdendo a si mesmo neles.

O seguinte fluxograma pode ser útil para compreender melhor o processo do *estado de tensão* ou de *identificação com o pensamento tensivo*:

No âmbito do *consciente*, nosso *Eu* identifica-se com o *autor do pensamento tensivo*, muito embora este seja produzido pelo *inconsciente*.

Se, ao contrário, deslocamos nossa *atenção* dos objetos externos para nossos próprios *pensamentos*, modificamos nossa dinâmica mental.

Se observarmos determinado pensamento e determinado medo em nossa mente, tornamo-nos um *observador externo* que toma simplesmente ciência da presença daquele pensamento e daquele medo.

Desse modo, aquele pensamento e aquele medo não dizem mais respeito a nosso Eu, porque este se deslocou de sujeito daquele pensamento e daquele medo para *observador externo*.

Isso resfria, por assim dizer, o medo e impede que ele seja registrado em nossa memória, não reforçando aquele pensamento e não favorecendo, assim, sua reprodução no futuro.

O pensamento tensivo, carregado de sofrimento, é *neutralizado* dessa maneira.

Em termos científicos, nosso *centro de identificação*, o Eu, com o qual nos identificamos, se desloca do pensamento para o *observador*. Essa função de nosso cérebro é conhecida pelo nome de *consciência*.[14] Com efeito, o observador não é o pensamento.

Portanto, ele não está envolvido com a tensão presente no pensamento.

E, na medida em que o Eu é o motor da energia tensiva que constitui a emoção, esta fica reduzida.[15]

O procedimento pode ser ilustrado pelo fluxograma a seguir:

---

[14] Durante séculos, a *consciência* foi o objeto precípuo do interesse da *religião cristã*: de acordo com a teologia católica, é justamente a ativação da consciência que dá lugar ao *livre-arbítrio* capaz de realizar nossa *humanidade* e revelar nossa *origem divina*. Na época moderna, a *psicologia* também se interessou pela consciência (cf. R. M. Bucke, P. D Ouspensky, W. Hall, A. H. Maslow e, sobretudo, R. Assagioli). Atualmente, é a *neurociência* que se interessa pela consciência como função cerebral. Não deixa de causar espanto o fato de que a consciência é praticamente um cérebro que enxerga a si mesmo durante o próprio funcionamento.

[15] É como se a consciência, que é a função com a qual o Eu pode se identificar mais plenamente, fosse a sede natural da *energia psíquica*: enquanto a consciência ficar imersa, por assim dizer, na mente e assim nós nos identificarmos com nossos pensamentos e com nossas emoções, eles se manifestam com toda a sua força e nos transtornam: somos seus escravos. A consciência cede toda a sua energia aos pensamentos e às emoções. Mas, quando, ao contrário, a consciência, o Eu, se destaca da mente e dela sai, tornando-se seu observador externo, parece levar consigo aquela energia e, subtraindo-a aos pensamentos e às emoções que, por serem destituídos dela, vão se esvaecendo aos poucos, até pararem por completo.

Estado de autoconsciência ou de auto-observação

A ação de observar o próprio pensamento, a consciência, constitui uma verdadeira e própria *função cerebral particular* peculiar ao ser humano, que, entretanto, só se ativa espontaneamente em casos excepcionais.[16]

É justamente por meio da ativação dessa função cerebral, a consciência, que realizamos a observação de nosso pensamento.

Nosso Eu se desloca da posição de autor de nossos pensamentos para a de *observador impessoal*.

---

[16] Particularmente no caso de *acidentes graves* (é típica, nesses casos, a visão da própria vida que passa como um filme): você se olha como se estivesse de fora, por assim dizer, e se vê agir como se fosse outra pessoa. "Em situações de perigo (por exemplo, em guerras ou em certos momentos das escaladas de montanhismo), ocorre uma potencialização da consciência, um estado de 'superconsciência', durante o qual são executadas ações normalmente impossíveis e atos heroicos" (R. Assagioli, *Principii e metodi della psicosintesi terapêutica*, op. cit., p. 169).

Podemos chamar este último de o *Nobre Observador Desprendido*.

Para colocar em prática a auto-observação do pensamento, é preciso se transformar no Nobre Observador Desprendido

É justamente a observação desprendida do pensamento que constitui aquele *controle sobre a mente* que verificamos ser indispensável não apenas para concretizar a presença na realidade, mas também a própria budeidade.

Com efeito, um buda está sempre consciente do automatismo dos próprios pensamentos e se mantém sempre desprendido deles, não se deixando escravizar por eles.

Um buda observa sempre com desprendimento os próprios pensamentos e está sempre consciente de seu automatismo.

Aquilo que você deve pensar, para conquistar esse poder, é que sua mente não é outra coisa senão *um órgão de seu corpo*, que produz pensamento como o fígado produz bile, e as glândulas suprarrenais, adrenalina.[17]

---

[17] Sei que os idealistas vão ficar escandalizados com essa minha afirmação. Paciência, já estou acostumado com isso. Ao contrário de Schopenhauer, que, diante da objeção de que seu pensamento nada tinha a ver com a realidade, respondeu "Tanto pior para a realidade!", eu respondo: "Tanto pior para o pensamento!"

O controle sobre a mente

A mente é um órgão do corpo.

E você pode manipulá-la, treiná-la, reforçá-la e comandá-la do jeito que quiser, como qualquer outro órgão seu, como os pulmões ou a bexiga.[18]

A mente pode ser manipulada.

É apenas uma questão de *exercício*. E, portanto, de tempo.

Se você nunca o tiver feito, parecerá difícil observar seu pensamento.

Contudo, existem truques.

O primeiro é o seguinte: *procure parar de pensar.*

Naturalmente, você não vai conseguir.

Mas vai obter um grande resultado.

Você olha dentro de sua mente.

Com efeito, como você vai saber se sua mente segue sua ordem de parar de pensar ou não se você não olhar dentro dela?

Este é o primeiro estágio.

O segundo estágio é o de observar sua mente e, portanto, seus pensamentos, *utilizando os seus sentidos*.

Olhe para dentro de sua mente usando *a visão*.

Você vê imagens? Não são realmente pensamentos, mas, ainda assim, são uma atividade da mente.

---

[18] Os iogues controlam também o fígado e as glândulas suprarrenais. Com um pouco de treinamento, você também pode fazê-lo. Estou preparando meu próximo livro, *Come imparare a controllare la cistifellea e le ghiandole surrenali in due settimane* [Como aprender a controlar o fígado e as glândulas suprarrenais em duas semanas]. Tenha paciência!

Se você as estiver vendo, estará olhando para dentro da sua mente.

Agora, utilize o *ouvido*.

Você ouvirá uma voz falando.

É seu *pensamento*.

Você o pegou!

Exatamente assim: como já falei, o pensamento se manifesta sob a forma de *discursos*.

Este último procedimento é o mais eficaz, e é o que você poderá adotar normalmente.

A observação desprendida do pensamento deve ser posta em prática de modo *sistemático*.

Se você se aplicar com constância, em poucos dias seus pensamentos negativos perderão a força e você ficará com a mente mais limpa, ainda percorrida por pensamentos automáticos que não cessarão jamais durante toda a vida, porém destituídos de sua virulência e, assim, com menor capacidade de deprimir, isto é, de causar sofrimento.

A observação desprendida do pensamento é a *metodologia fundamental* a ser posta em prática para realizar o *controle sobre a mente*.

Entretanto, vimos que Buda disse:

Irmãos, antes de aprender a observar o pensamento com desprendimento, vocês devem aprender a observar e acalmar a respiração, o corpo e as emoções.[19]

Por quê?

---

[19] *Suttapitaka, Majjhima-Nikaya, Cularahulovada Sutta.*

Porque a mente não é uma estrutura ou uma função separada do corpo e, assim, você não pode acalmar sua mente sem acalmar também o corpo.

Mente e corpo são, na realidade, uma mesma estrutura que podemos chamar de *psicossoma*.[20]

Como foi evidenciado pela *Vipassana*, a técnica de meditação tradicional budista, as funções que constituem a pessoa humana podem ser distinguidas didaticamente em três processos: *respiração, corpo* e *mente*.

Esses três processos estão integrados e interagem entre si, o que faz com que uma tensão presente em qualquer um deles corresponda a uma tensão presente nos outros dois e cada uma delas é, ao mesmo tempo, efeito e causa das outras.

Isso pode ser compreendido melhor por meio deste fluxograma:

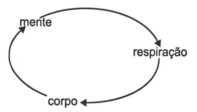

Como se pode ver pelo diagrama, cada processo apresenta uma relação com os outros, que é, ao mesmo tempo, uma relação de *condicionante* e de *condicionado*.

A *Vipassana* se aplica particularmente à *respiração*.

---

[20] Ver K. Dychtwald, *Bodymind*, 1977; trad. it. *Psicosoma*, Astrolábio, Roma, 1978.

Efetivamente, seu nome completo é *Anapanavipassana*, que significa "plena consciência da respiração".[21]

Isso porque a respiração é o processo mais simples dos três e, portanto, aquele que pode ser mantido sob controle mais facilmente.

A prática da concentração na respiração é muito poderosa.

Quer a tradição que Buda tenha alcançado a *Iluminação* com ela.

Concentrando-se na respiração, é fácil atingir até o *vazio mental*.

O vazio mental é muito útil porque nos possibilita eliminar a tensão, isto é, o *sofrimento*, normalmente presente em nossa mente.

Um buda é alguém que apresenta a tendência a viver no vazio mental.

> *Um buda apresenta a tendência*
> *a viver no vazio mental.*

Entretanto, é necessário esclarecer duas coisas.

A primeira é que o vazio mental não deve ser procurado *obsessivamente*.

Com efeito, isso geraria *tensão*, em vez de eliminá-la.

A segunda é que o vazio mental não pode ser mantido *sempre*.

---

[21] Para um aprofundamento teórico sobre a *Anapanavipassana*, ver Buddhadâsa, *Mindfulness with Breathing*, 1988; trad. it. *La consapevolezza del respiro* [A consciência da respiração], Astrolábio, Roma, 1991. Não obstante, desaconselho sua aplicação na sua versão tradicional, porque é demasiadamente comprida e complicada.

Você não deve formar a opinião errônea de que, para se transformar em um buda, deva parar definitivamente de pensar, o que não somente é impossível, mas até mesmo perigoso.

O fato é que o pensamento não deve ser utilizado em vão, mas apenas nos casos em que ele realmente sirva, em que seja útil a nosso *bem-estar* ou até à nossa *sobrevivência*.

Com efeito, por um lado, é praticamente impossível parar definitivamente de pensar, porque o pensamento involuntário se forma automaticamente. Por outro lado, pensar nos serve para resolver os *problemas práticos*.

Esta é, efetivamente, a função biológica do pensamento: resolver os problemas práticos por meio da simulação de suas possíveis soluções.

O estado de budeidade consiste mais precisamente em um estado mental em que o pensamento é utilizado *voluntariamente* e é limitado à solução dos problemas práticos, e ele é *contido e atenuado* quando ultrapassar esta sua finalidade natural e se produzir automaticamente por conta de uma incitação neurótica, porque a consciência, o *Eu*, permanece do lado de fora na posição do Nobre Observador Desprendido.

Portanto, resumindo, o controle sobre a mente consiste em *três metodologias*: 1) concentração sobre a respiração até obter o vazio mental; 2) observação desprendida do pensamento; 3) utilização do pensamento voluntário.

Praticar a concentração sobre a respiração não exige condições particulares em nível nem de tempo nem de espaço. Não é necessário trancar-se em uma sala deserta e silenciosa, nem retirar-se em um eremitério. Ela pode ser praticada em qualquer momento e em qualquer situação, inclusive se estivermos agarrados à barra de um ônibus.

É suficiente

respirar profundamente oito vezes e acalmar a respiração.

Não obstante, é necessário aprender a usar os pulmões inteiros para respirar, e não apenas uma parte deles.

Caso se queira, e se possa, basta continuar a manter a respiração calma pelo tempo que se desejar.

Mas não é tão importante mantê-la longamente em uma condição de calma, porém trazê-la frequentemente para essa condição.

Portanto, em vez de longas sessões de calma da respiração, melhor é fazer breves sessões, porém frequentes. Com a frequência que você decidir e com que você se sentir contemplado.

Para concluir, a *prática* à qual você deve se dedicar para realizar o *controle sobre a mente* é a seguinte:

EXERCÍCIO 1

1. acalmo a respiração;
2. utilizando a respiração, relaxo o corpo;
3. continuo a manter a respiração calma e observo com desprendimento os pensamentos e as emoções que se apresentam à minha mente.

Como já disse, este exercício conduzirá você facilmente ao *vazio mental*.

EXERCÍCIO 1A
(em caso de pensamento negativo invasivo)

1. tomo consciência de que minha mente está invadida por um pensamento-emoção negativo;
2. desenvolvo, na minha mente, o pensamento-emoção positivo antagonista.

Você se aplicará ao EXERCÍCIO 1 *durante uma semana*.

Caso necessário, você se aplicará também ao EXERCÍCIO 1A, de forma descontínua.

Você não necessitará de condições ou ambientes especiais.

Com efeito, o exercício pode ser praticado em qualquer lugar.

Quantas vezes e com que duração?

Você decidirá.

Quanto mais o fizer, mais rápido se tornará um buda e o será de modo *permanente*.

Nessa primeira semana, seu objetivo principal será o seguinte:

Controlar sua mente

Se quiser, nessa semana, você poderá usar um *mantra* de reforço, a ser recitado *mentalmente*, no momento que quiser:[22]

---

[22] Um *mantra* é uma palavra ou uma frase qualquer, repetida com continuidade. A oração, por exemplo, é um mantra. A utilização de um mantra é importante. Tem influência sobre o *inconsciente*. Registra uma *sugestão* no

Eu controlo	*inspiração*
minha mente	*expiração*
eu sou	*inspiração*
um buda	*expiração*

Para as senhoras:

Eu controlo	*inspiração*
minha mente	*expiração*
eu sou	*inspiração*
uma iluminada	*expiração*

---

inconsciente, que produz automaticamente pensamentos, emoções e comportamentos. Isto é, ele *transforma* você. Ademais, fornece outros dois resultados: impede a produção automática de pensamentos negativos; fornece o pleno controle sobre sua mente (e sobre seu corpo, se o recitar juntamente com a respiração). Duas regras: recite-o sempre *mentalmente* e não revele a ninguém essa sua prática. A primeira regra impedirá que você seja levado ao Neuro contra sua vontade. A segunda impedirá a dispersão da energia de sua transformação.

Décimo quinto capítulo
A presença na realidade

A obtenção deste poder, o segundo de nosso projeto de budeidade, não é possível caso nossa mente esteja invadida por pensamentos.

Percebemos, portanto, como o poder anterior, o controle sobre a mente, que conduz à *atenuação do pensamento*, é necessário para a obtenção desse segundo poder.[1]

E não só isso, porém ele possibilita e agiliza sua consecução.

Com efeito, depois de ter atenuado o pensamento ou até mesmo ter esvaziado a mente, você conseguirá espontaneamente voltar sua atenção para a realidade.

Mas qual é a realidade?

A realidade é o ambiente que nos circunda.

A realidade é o ambiente que nos circunda.

---

[1] O *Zen* também percorre a via da atenuação do pensamento antes de colocar em prática a concentração exclusiva da atenção sobre a realidade: o *koan* (um enigma absurdo que o mestre propõe ao discípulo) não tem outro objetivo senão convencer o adepto da inutilidade do pensamento e, assim, induzi-lo a voltar a própria atenção para a realidade.

Efetivamente, o ambiente que nos circunda é, para cada um de nós, *nossa realidade.*

Vou demonstrar isso para você.

Estamos em Nova York, sentados na varanda da Times Square Brewery.

Pergunto: "Para você, a place Pigalle, em Paris, é real?"

Provavelmente, você responderá que sim.

Mas não é.

Se você estiver em Nova York, no Times Square, o ambiente que circunda você é Times Square, em Nova York, e não place Pigalle, em Paris.

Portanto, *sua realidade* é Times Square, em Nova York.

Paris e a place Pigalle não são o ambiente ao seu redor.

Não são sua realidade.

Eles só estão em sua mente, em sua memória, não estão em sua *realidade.*

Mas sequer o Herald Square em Nova York é real para você, quando estiver em Times Square.

Porque Herald Square tampouco é o ambiente à sua volta.

Herald Square também não é real para você.

Consegue compreender?

Sua realidade é o ambiente que o circunda e que você percebe com seus sentidos.

Portanto, sua realidade é o Times Square, em Nova York.

Nada mais.

Paris e a place Pigalle serão a realidade de quem estiver em Paris, na place Pigalle, mas não *sua* realidade.

A presença na realidade

Sua realidade é apenas Times Square, em Nova York, porque você está precisamente neste lugar, e esta, somente esta, é sua realidade.

Este fato não é tão banal.

Se você se comportasse em Times Square, em Nova York, como se você estivesse em place Pigalle, em Paris, não estaria em sintonia com a realidade.[2]

Você não estaria presente em sua realidade.

Não me diga!

Vem-lhe à mente a seguinte objeção: "E a guerra?"

Certamente, a guerra é real, mas ela é real para aqueles que convivem nela, não para nós, que estamos tranquilamente sentados lendo este livro.

Se você telefonar para os soldados em guerra, eles confirmarão este fato imediatamente e convocarão você, também imediatamente, a doar-lhes sua poupança.

Porque, para nós que estamos sentados aqui tranquilamente lendo este livro, a guerra está apenas em nossa mente, e não em nossa realidade.

Agora, vou explicar melhor.

Já disse em um livro anterior que existem dois mundos:

1. o *mundo da mente*
2. o *mundo da realidade*.[3]

---

[2] E, provavelmente, você acabaria passando a noite em uma delegacia de polícia: é notório que os americanos são puritanos. Place Pigalle está cheia de estabelecimentos pornôs e, se você se comportasse nos estabelecimentos de Times Square como se comportaria nos de place Pigalle (por exemplo, passando a mão na bunda das garotas), você acabaria em uma delegacia (os americanos são muito suscetíveis em relação à bunda de suas garotas).
[3] Ver *Come smettere di farsi le seghe mentali*, op. cit., pp. 47-48.

De forma banal,

O mundo da realidade é real,
O mundo da mente não é real.

Dentre os objetos presentes em nossa consciência, efetivamente, alguns pertencem à realidade que nos circunda e outros, à nossa mente, isto é, *à nossa memória.*

Tendemos a acreditar que ambos os objetos desse tipo sejam reais, mas isso não ocorre.

Só são reais os objetos que pertencem ao ambiente que nos circunda, não aqueles que pertencem à nossa memória.

A coisa pode parecer discutível para você, caso esteja ainda fortemente ligado ao mundo de sua mente, mas vou fornecer uma prova dramaticamente indiscutível.

Um parente falecido está indubitavelmente ainda presente em sua memória, ainda que seja evidente que ele não está presente no ambiente que circunda você (tampouco, no que não circunda você) e, portanto, não é real.

Infelizmente.

Outros exemplos, de menor impacto, porém igualmente incontroversos, são objeto de nossa experiência cotidiana.

Um exemplo para todos.

Um dia, Totó, o grande napolitano, chega atrasado a um compromisso.

Seu amigo lhe pergunta:

— O que aconteceu com você?

— Atrasei-me porque um indivíduo me parou e me disse: "Vincenzo, seu desgraçado!"

— E você?

— Eu, nada. Fiquei calado.
— E depois?
— E, depois, ele continuou: "Vincenzo, seu filho de um cão!"
— E você, o que fez?
— Eu, ainda nada. Calado.
— E ele ainda continuou?
— Sim, senhor. Caprichou na dose: "Vincenzo", me disse, "eu tenho que matar você!"
— E você, o que fez?
— Eu fui embora.
— Como? Você não reagiu?
— Não.
— Mas por quê?
— E o que é que tenho com isso? Eu nem sou Vincenzo!

Em Nápoles, onde os budas abundam, essa distinção entre palavras, pensamentos e realidade é bem clara.[4]

Quanto mais se vai para o norte, mais essa distinção é atenuada.

Na Suécia, se chamar alguém de "idiota", ele se suicida.

Atribuir realidade aos objetos de nossa mente é precisamente a *causa técnica* de nosso sofrimento psíquico.

Sofremos por causa dos fantasmas de nossa mente.

Os fantasmas do pensamento de vocês são reais.

Eles são gerados pelo seu apego e, portanto, pelo seu desejo, pelo seu ódio, pela sua ira, pelo seu medo.

---

[4] Ser um buda, em Nápoles, não é um fator opcional como em outros lugares: é obrigatório. Caso contrário, não se pode sobreviver.

Irmãos, os fantasmas do pensamento são gerados por vocês mesmos.[5]

Nós sofremos porque consideramos *reais* os fantasmas de nossa mente.
É fundamental, assim, que você aprenda a distinguir a realidade dos fantasmas de sua mente.
Um buda está sempre consciente dessa distinção.

O estado de budeidade comporta a consciência da distinção entre o mundo da mente e o mundo da realidade.

Essa **consciência** deve se tornar **permanente**.
É ela que nos induz a abandonar o mundo da mente e a entrar no mundo da realidade.

Irmãos, privem seus fantasmas imaginários de seu consenso e eles desaparecerão.[6]

Sei que você pode fazer a objeção que todos fazem de que não somente estão apegados ao mundo da própria mente, mas que exaltam a beleza e o poder de suas criações.
A obtenção do segundo poder da budeidade, a presença na realidade, não nega aquela beleza nem aquele poder, porém simplesmente lhe oferece uma via de escape a seu *sofrimento*, que é gerado pela própria mente.

---

[5] *Suttapitaka, Majjhima-Nikaya, Satipatthana Sutta.*
[6] *Suttapitaka, Majjhima-Nikaya, Satipatthana Sutta.*

Efetivamente, o budismo tem este único objetivo: a libertação do sofrimento.

Ele afirma somente isto: você não pode derrotar os fantasmas de sua mente permanecendo dentro da mente.

Você deve sair de sua mente e entrar na realidade.

É justamente por isso que o fato de ter atenuado o pensamento nos permite alcançar, com grande naturalidade e sem esforço algum, isto é, espontaneamente, o segundo poder da budeidade: a *presença na realidade*.

Na realidade, jamais há sofrimento.

Eu sei que acreditar nessa verdade também é difícil para você.

Se você quiser, podemos, mais uma vez, tomar um caso extremo.

Uma pessoa querida falece.

Você acredita que a realidade seja a causa de seu sofrimento, porque a pessoa não está mais na realidade.

Mas aí é que está.

Aquela pessoa não está mais na realidade, mas é só isso.

Não há sofrimento algum na realidade.

O sol continua a nascer, as nuvens continuam a percorrer o céu e os passarinhos continuam a cantar.

O sofrimento está somente dentro de você.

Você acredita que a realidade seja a causa de seu sofrimento e, portanto, você o atribui à própria realidade.

Mas o sofrimento não é um objeto que se possa encontrar na realidade.

É um *estado psíquico*.

Isto é, algo que está dentro de sua *mente*.

Um famoso *koan zen* recita:

Mostre-me a mão na qual você guarda seu sofrimento.[7]

Não é possível fazê-lo, porque o sofrimento pertence ao *mundo da mente*, e não ao mundo da realidade.

Tanto é assim que uma mesma realidade causa sofrimento a alguns, e não a outros.

A presença na realidade é a *experiência zen*.

É por esse motivo que a experiência zen não pode ser descrita em palavras, só pode ser *vivenciada*, como declaram candidamente todos aqueles que escrevem livros a seu respeito.[8]

Justamente porque a experiência zen é a experiência da presença na realidade.

Então, podemos recorrer à tradição zen para dar uma ideia da tal experiência.

Ela transmite a seguinte anedota:

Enquanto Yao-shan Wei-yen estava tranquilamente sentado com as pernas cruzadas, um monge o procurou e perguntou:

---

[7] Depois de um mês de recolhimento, o discípulo ao qual o mestre fez esta pergunta procurou-o e disse: "À direita" e o mestre deu-lhe uma paulada nas costas (os mestres zen são muito violentos). Depois de mais um mês, com ar triunfante e esperto, voltou e disse: "À esquerda" e o mestre lhe deu outra paulada nas costas. A essa altura, o discípulo gritou: "Vai tomar no cu, seu velho babaca, você e suas perguntas do caralho! (tradução literal do japonês). Então, o mestre o abraçou, exultante: "Finalmente você compreendeu, meu filho, que são perguntas do caralho!"

[8] Mas, então, você perguntará, para que escrevem livros a respeito? Você já se perguntou de que é que vivem aqueles que são zen (que consiste em não fazer absolutamente nada)? Escrevem livros! Eu sou um mestre zen!

— *Em que está pensando, nesta posição imóvel?*
— *Penso naquilo que está além do pensamento.*
— *Como você procede para pensar naquilo que está além do pensamento?*
— *Com o não pensar.*⁹

Contudo, não é preciso ir à China ou ao Japão para encontrar pessoas zen.¹⁰

Basta ir até a Sardenha.

Um dia, em Orgosolo, encontrei um pastor de ovelhas.

Perguntei-lhe:
— O que você faz o dia inteiro?
— Olho as ovelhas.
— E no que pensa?
— Em que deveria pensar? Olho as ovelhas para que não as roubem!

A presença na realidade não carece de explicações ulteriores, porque não é um conhecimento intelectual, mas uma *experiência*.

Para compreendê-lo de modo definitivo, faça uma coisa.

Largue este livro e vá até o banheiro.

Entre no chuveiro ou na banheira e abra a torneira.

E pense: "Estou tomando uma chuveirada. Uma coisa normal."

---

⁹ Hui-Neng (Wei-Lang), *Sutra*, 23.
¹⁰ O zen não nasceu no Japão, porém na China, no século VI d.C, onde foi chamado de *Chan* (alteração do sânscrito *Dhyan*, contemplação, uma fase da ioga). Depois, foi exportado para o Japão no século XIII, onde assumiu o nome de *zen*.

Quando você tiver tomado consciência de que tomar uma chuveirada de roupa não é totalmente normal, terá entrado em contato com a realidade e terá visto a diferença entre realidade e pensamento.[11]

A *prática* a que você deve se aplicar para alcançar a *presença na realidade* é a seguinte:

EXERCÍCIO 2

1. acalmo a respiração, relaxo o corpo, observo os pensamentos com desprendimento;
2. saio da mente e observo o ambiente que me circunda;
3. cumpro *ações* quaisquer (interações com a realidade);[12]
4. permaneço na realidade.[13]

Você realizará este exercício *durante uma semana.*[14]

Você não precisará nem de condições, nem de ambientes especiais.

---

[11] É por isso que sempre põem os loucos debaixo do chuveiro. O que não tem explicação é o fato de sempre o fazem com água gelada.

[12] Por exemplo, espane o piano e alise o guardanapo debaixo da xícara de café. Se você não tiver nem piano nem guardanapo, mas sobretudo se não tiver xícara de café, está realmente encrencado. Tente no bar. Diga-lhes que sou eu que estou mandando.

[13] Isto é, continue a espanar. Quando você terminar, comece a limpar as janelas. Depois, limpe os tapetes. Por fim, arrume as camas e vire os colchões. Se fizer este exercício todas as manhãs, você poderá dispensar a empregada.

[14] Depois disso, você poderá chamar a empregada de novo.

Este exercício pode ser praticado em qualquer lugar.[15] Com a frequência e a duração que você quiser. Entretanto, quanto mais o fizer, melhor.[16]

Nessa segunda semana, seu principal objetivo será o seguinte:

Viver na realidade.

Se quiser, nessa semana, você poderá usar um *mantra de reforço*, a ser recitado *mentalmente*, nos momentos em que você decidir:

Eu vivo	*inspiração*
na realidade	*expiração*
eu sou	*inspiração*
um buda	*expiração*

Para as senhoras:

Eu vivo	*inspiração*
na realidade	*expiração*
eu sou	*inspiração*
uma iluminada	*expiração*

---

[15] Mesmo na casa dos outros. Neste caso, isto também lhe será vantajoso.
[16] Quanto mais o fizer, mais vai ganhar.

Décimo sexto capítulo

A consciência da mudança ou a Iluminação

A obtenção do segundo poder, a presença na realidade, possibilita conquistar o terceiro poder da budeidade: a *consciência da mudança*.

Com efeito, é justamente a presença na realidade que nos permite observar a realidade em sua objetividade e descobrir que, nela, não há objetos, eventos ou pessoas que permaneçam iguais a si mesmos.

Pelo contrário, nossos estados mentais não permanecem iguais a si mesmos, nem dentro de nós, dentro de nossa mente.

Efetivamente,

> *tudo está em contínua transformação.*

Esta é a *grande descoberta* que fazemos ao observar a realidade como ela é.

Esta grande descoberta constitui a famosa *Iluminação*.

Ela se faz acompanhar de outra descoberta: a de que as coisas do universo são todas *dependentes* entre si.

Imagine uma enorme mesa de bilhar em que um número infinito de bolas se movam continuamente, chocando-se entre si: o movimento de cada uma delas é determinado pelo movimento de *todas as outras*.

O universo é feito exatamente assim.

É justamente a interdependência que dá lugar à mudança contínua: nenhuma bola pode parar porque o movimento de todas as outras a obriga a se mover continuamente.

Assim, não há pessoas, coisas e situações que permaneçam iguais a si mesmas.

Nossa *ciência física* também nos diz isso.

Essa aquisição cognitiva é indubitavelmente um *ato do intelecto*.

E é relativamente fácil de obter, por parte de qualquer pessoa.

E então?

Somos todos iluminados?

A Iluminação é algo tão simples e fácil de se obter?

É só isso?

Naturalmente, não.

O iluminado não é simplesmente alguém que descobriu que, na realidade, tudo está sujeito à mudança contínua, mas alguém que, depois de a ter adquirido, *nunca perde essa consciência*.

A Iluminação consiste na constante consciência da mudança contínua da realidade.

Com efeito, para que a Iluminação seja efetiva, essa descoberta deve ser introjetada em um nível psíquico profundo, ou seja, no *nível do inconsciente*, e isso não pode ocorrer devido a um simples raciocínio.

Ela deve ser adquirida mediante um ato que comporte também um *estado emocional*, já que o inconsciente, ou seja, a *memória*, memoriza de maneira favorável à reprodução — portanto, de modo a condicionar a percepção consciente — somente as experiências que se fazem acompanhar por um estado emocional.

Eis o motivo pelo qual Buda diz que é preciso ter a *experiência pessoal* dessa aquisição ou consciência.

É necessário observar a realidade e constatar pessoalmente como ela está em contínua transformação e, portanto, privada de qualquer permanência.

Uma *perda*, assim, se transforma na oportunidade para adquirir essa experiência.

Esse é um modo de utilizar o sofrimento como meio de crescimento da consciência, como o próprio Buda indicou.

Assim, essa experiência se torna, para nós, uma descoberta carregada de *emoção*, porque acaba com nossa convicção de que a realidade é constituída de coisas, de pessoas, de objetos que consideramos determinados e sempre iguais a si mesmos, como fora do tempo, eternos, e *que jamais nos faltarão*.

Somente dessa maneira é que tal experiência se torna para nós, como foi para Buda, uma *Iluminação*.

Para que isso ocorra, é preciso rememorar *com a maior frequência possível* a *consciência de sua mudança contínua*, por meio da observação da realidade dentro de nós (intrapsíquica) e fora de nós (extrapsíquica).

A consciência da mudança ou a Iluminação

A perda se torna, assim, um argumento sobre o qual devemos meditar com frequencia.[1]

Mas por que se forma, em nossa mente, uma representação da realidade que nos leva a acreditar que haja coisas determinadas, definidas, iguais a si mesmas no tempo?

A realidade e a vida são como um filme, que consiste na ação resultante da projeção contínua de seus fotogramas, e não em seus fotogramas individuais.

A vida é um filme, e não uma fotografia.

A vida é *dinâmica*, não estática.

E nós, em vez disso, pegamos um fotograma do filme e o arquivamos em nossa memória, atribuindo-lhe existência real.

É assim que vemos nossa mãe, nosso pai, nossos amigos e a nós mesmos.

Como fotogramas, parados, fixos, determinados.

E acreditamos que eles sejam algo com natureza determinada, sempre iguais a si mesmos, fixos.

E mais: esperamos que eles sejam assim para sempre e ficamos surpreendidos e irritados quando descobrimos que não é assim, que eles mudam e não são como havíamos acreditado.[2]

---

[1] A meditação sobre a morte é um *leitmotiv* do budismo, mas não pense que isso lhe confira uma conotação de tragicidade ou pessimismo. Ao contrário, o pensamento a respeito da morte exalta a importância e o aspecto sagrado da vida, que, assim, é mais apreciada e aproveitada. Os antigos romanos também expunham, em seus banquetes, um esqueleto simbólico para lhes recordar a caducidade da vida ("*Memento mori!*") para gozar mais dela.

[2] Esse erro cognitivo traz consigo *enormes sofrimentos*: é muito frequente o caso em que casais se separam porque um dos parceiros descobre (às vezes, depois de vinte anos) que o outro não é "como ele (ou, mais frequentemente, ela) acreditava que fosse". Cf. meu livro *Alla ricerca delle coccole perdute*, op. cit., p. 129.

A vida é um filme, mas, em nossa mente, há fotografias e nós confundimos essas fotografias com a vida.

Por quê?

Porque nossa *personalidade infantil*, que carregamos sempre conosco e que está sempre pronta a assumir o primeiro plano em qualquer crise existencial (uma doença, uma perda, um fracasso), e que alguns jamais superam e abandonam, é incapaz de enfrentar a mudança porque é incapaz de dominar a realidade.

Portanto, nós criamos para nós uma ilusão de segurança ao recortar fotogramas do filme de nossa vida e atribuir-lhes valor de realidade.[3]

Eis que, então, vivenciar a Iluminação budista se torna também *crescer psicologicamente*, passar da personalidade infantil à adulta e se tornar capaz de enfrentar a incerteza intrínseca à transformação contínua da realidade.

A Iluminação comporta crescimento psicológico da personalidade infantil à adulta.

A *prática* à qual você deve se aplicar para alcançar a *Iluminação* é a seguinte:

EXERCÍCIO 3

1. acalmo a respiração, relaxo o corpo, observo os pensamentos com desprendimento;

---

[3] O que constitui uma verdadeira *neurose*: cf. meu livro *Alla ricerca delle coccole perdute*, op. cit.

2. observo o ambiente que me circunda;
3. observo a mudança contínua que ocorre dentro e fora de mim.

Você se empenhará neste exercício *durante uma semana*.

Você não necessitará de condições nem de ambientes especiais.

Ele pode ser praticado em qualquer lugar. Com a frequência e da maneira que você quiser.

Nesta terceira semana, seu objetivo principal será o seguinte:

Ver a mudança

Se você quiser, nessa semana, poderá usar um *mantra de reforço*, a ser recitado *mentalmente*, nos momentos em que você decidir:

Eu vejo   *inspiração*
a mudança   *expiração*
eu sou   *inspiração*
um buda   *expiração*

Para as senhoras:

Eu vejo   *inspiração*
a mudança   *expiração*
eu sou   *inspiração*
uma iluminada   *expiração*

Décimo sétimo capítulo
O *desapego*

A descoberta da contínua mudança da realidade tem uma *consequência* capital sobre nós. Tornamo-nos conscientes de que:

> *não há nada de fixo a que podemos nos apegar.*

E, assim, eis que se desenvolve espontaneamente dentro de nós o quarto poder da budeidade: o *desapego*.

A conquista do quarto poder, o *desapego*, é o passo mais difícil a ser realizado no caminho da budeidade. Mas é também o mais importante, porque constitui uma passagem efetiva e definitiva da personalidade infantil à personalidade adulta. Constitui um abandono total e definitivo da *necessidade de proteção*, de *pontos de referência*, de *segurança*.

Com efeito, não há certeza no mundo real. Justamente porque o mundo real está em contínua *mudança*. Portanto, não há nem pontos de referência, nem segurança.

Às vezes, a realidade nos demonstra isso com brutalidade, como quando perdemos uma pessoa querida.

Então, somos obrigados a ver a realidade como ela é e, por um átimo, ainda que seja no sofrimento, vivenciamos a *Iluminação*.

Mas, um momento mais tarde, por autodefesa, recaímos na ilusão da permanência, da estática, da segurança.

É nosso *apego* que nos dá a ilusão de pontos de referência, de segurança. Ao deixar o apego de lado, as seguranças podem ser abandonadas.

É terrível?

Se pensarmos do ponto de vista exterior, isto é, de fora do não apego, na condição do apego, da dependência, da segurança ilusória, é realmente terrível, porque, então, sentimo-nos sozinhos e abandonados.

Com certeza, é terrível não ter pontos de referência e segurança na vida. Mas somente para aquele que não pode prescindir de pontos de referência e de segurança, que precisa de assistência e proteção. Isto é, para a *criança*.

Não para o adulto. O adulto adquiriu a capacidade de cuidar de si mesmo sem carecer de assistência ou proteção. Não necessita de ninguém.

Portanto, não precisa nem de pontos de referência, nem de segurança.

Ele tem dentro de si mesmo seu ponto de referência e sua segurança.

Pode dispensar a tudo e a todos. Porque ele está *centrado em si mesmo*.

Por isso, ele é capaz de prosseguir e se tornar *genitor*.

Está tão seguro de si e é tão capaz de ajudar a si mesmo que se torna capaz também de *ajudar os outros*.

Torna-se capaz de ser *genitor*.¹

Porque o não apego o leva a superar também o *egoísmo pessoal* do adulto. Ele não exige mais nada dos outros, não espera mais nada dos outros. Com efeito:

Um buda não tem expectativas: aceita e usufrui aquilo que há.

As *expectativas* são a causa principal de nosso sofrimento.

Percebemos, então, que a concretização do estado de budeidade comporta também a realização de nossa personalidade de adulto e de genitor.

O ensinamento de Buda interessa a toda a nossa *evolução psicológica*.

É por isso que, em meu livro sobre a evolução natural da criança a adulto e a genitor, afirmei que o desenvolvimento dessas três personalidades naturais era necessário para o desenvolvimento da quarta personalidade, a do buda.²

Com efeito, é impossível atingir a personalidade do buda, o estado de budeidade, se antes não se tiver desenvolvido a personalidade do adulto e do genitor.

Em conformidade com o método exposto neste manual, que é o próprio ensinamento de Buda, você se tornará, caso já não seja, adulto e genitor, e, depois, por fim, um *buda* ou uma *iluminada*.

---

¹ Para aprofundar a dinâmica de crescimento psicológico por meio das três personalidades da criança, do adulto e do genitor, ver meu livro, *Alla ricerca delle coccole perdute*, op. cit.
² Ver *Idem*.

O desapego

O desapego é um poder *crucial* para esse processo evolutivo. Mas como fazer para se livrar do apego?

Temos dezenas, centenas de apegos. Pequenos e grandes. Como fazer para nos livrar deles?

A primeira coisa é *tomar consciência deles.*

Torne-se consciente de seus apegos.

Eles são divididos em duas grandes categorias: os apegos afetivos e os apegos materiais.

Você pode se libertar dos apegos *afetivos* ao considerar sua *precariedade.* Ou melhor, a precariedade da presença daquela pessoa em sua vida. Esse é o grande motor do não apego, o que possibilita conquistar este poder muito grande: a consciência da precariedade de todas as coisas.

A consciência da precariedade de todas as coisas nos possibilita conquistar o poder do desapego.

Você deve meditar *frequentemente* sobre a precariedade de todas as coisas e *sempre* deve ter consciência dela.

Você deve meditar frequentemente sobre a precariedade de todas as coisas e sempre deve ter consciência dela.

O uso sistemático do poder que você já adquiriu, a *consciência da mudança,* é que lhe possibilitará ter acesso a esse poder, o *desapego.*

Torne-se consciente da precariedade da existência e, portanto, da precariedade da presença, em sua vida, das pessoas que são o objeto de seu apego afetivo.

Elas não são eternas. Não podem estar aí para sempre, nem por toda a sua vida.

Portanto, você não deve permitir que sua vida, sua felicidade e sua *serenidade* dependam das pessoas de quem você gosta.

Mas será que você realmente gosta delas?

Amar não significa *depender*. É exatamente o contrário.

Quando dependemos de alguém, não quer dizer que o amemos; quer dizer que queremos *ser amados por ele*.

Nós queremos *ser amados*, não amar.

Não estou dizendo para você abandonar as pessoas às quais tem apego. Você não deve abandonar sua família.

Deve apenas parar de fazer com que sua felicidade dependa dela.

Você pode perfeitamente continuar a *curti-la*. E, assim, até poderá curti-la mais.

A filosofia do buda é o *prazer*, não o sofrimento: é exatamente contra o sofrimento que ele luta.

Peço-lhe apenas que se torne *livre* para curtir as pessoas queridas quando elas estiverem com você e para curtir outras coisas quando elas não estiverem. Isto é, de não fazer mais com que seu prazer e sua felicidade dependam delas. De não transformá-las em uma *necessidade* da qual não pode abrir mão.

O desapego

Você pode se livrar dos apegos *materiais* considerando sua *capacidade de prescindir deles*.

Comece por reconhecer um pequeno apego seu.

Não comece com os *viciozinhos*, como o cigarro, o uísque e coisas parecidas. Esses não são pequenos apegos, mas contam entre os maiores que você tem. Porque são *chupetas*. As chupetas das crianças.

E sua personalidade de criança, por não dispor de uma mãe a quem sugar os seios, suga cigarros, bombons, uísque e outras coisas.

Por ora, deixe que eles fiquem.

Você só poderá se livrar deles quando sua personalidade adulta tiver se sobrepujado.

Tome um pequeno apego, como, por exemplo, assistir a seu programa preferido na televisão. E comece a pensar o que seria de sua vida se aquele programa saísse do ar. Você descobriria que não aconteceria nada de particularmente trágico. Você não o veria e pronto. Seria só isso. E é exatamente o que, cedo ou tarde, deverá efetivamente acontecer. Cedo ou tarde, deverão parar de transmiti-lo.[3] Naturalmente, você não deve parar de assistir a ele. Um buda não é um masoquista. Você deve simplesmente se tornar capaz de prescindir dele.

Você deve se tornar capaz de assistir ao programa ou não, de acordo com sua vontade. Isto é, tornar-se *livre* para fazê-lo ou não. Isto significa eliminação dos apegos materiais.

---

[3] Muitos estavam prontos para apostar na duração eterna de alguns programas de tevê cujos apresentadores encheram o saco de os continuar fazendo.

Exercite-se a não assistir ao programa, de vez em quando, fazendo outra coisa interessante.[4] Depois, passe a outro pequeno apego e, assim, aos pouquinhos, vá enfrentando todos os seus apegos até atingir e derrubar até os grandes, aqueles dos quais falei anteriormente, como cigarros, bombons e outros.

Quando você tiver se libertado de seus apegos, sobretudo de seu apego à pretensão de que tudo deva permanecer sempre igual e como você quer, descobrirá uma coisa maravilhosa: que a consciência da precariedade da vida e de todas as coisas faz com que você aprecie mil vezes mais que antes sua unicidade e sua beleza.

Para você, cada instante se tornará, de fato, único e não repetível e você tomará consciência disso. E, então, saboreará com incrível prazer cada coisa, cada pessoa, cada situação, por mais que sejam aborrecidas, por mais que lhe causem desgosto.

Pelo contrário, e aqui está a grandeza da budeidade, você sequer perceberá mais o aborrecimento, o desgosto, o feio e mau. Porque cada coisa, vista em sua precariedade e em sua unicidade, é maravilhosa, pelo único motivo de existir. Isso para não falarmos das pessoas.

Cada pessoa, com efeito, por mais que seja mesquinha, insignificante, ou até aborrecida, antipática, malvada e, sobretudo, estúpida, é única, maravilhosa por ser existente, viva, real.[5]

---

[4] Como, por exemplo, pular em cima de alguém. Mas, se essa pessoa também gostar daquele programa, então, o que querem que eu diga? Assistam a ele juntos!

[5] Os estúpidos são uma invenção extraordinária. Antes de tudo, se eles não existissem, não poderíamos nos sentir inteligentes. Depois, são divertidíssi-

E você, caso se tenha libertado dos apegos, saberá apreciá-la e amá-la. Saberá curti-la quando estiver aí sem esperar que ela esteja quando não estiver e que seja diferente do que é. Isto é, sem *apego*. Porque o apego é sempre àquilo que não está, na medida em que é *desejo daquilo que não está.*

O apego é desejo daquilo que não está.

O desapego, ao contrário, é substancialmente o não desejo: *o fato de não pretender aquilo que não está, mas de apreciar e curtir o que está.*

O desapego é não pretender aquilo que não está, mas apreciar e curtir aquilo que está.

Experimente dar esse salto, e sua vida mudará.

Faça o grande salto e renuncie a toda segurança e torne-se consciente, em cada momento de sua vida, da absoluta precariedade e, ao mesmo tempo, da unicidade, da não repetibilidade, da maravilha, do milagre de cada instante, de cada coisa com a qual você entra em contato, de cada pessoa, de cada situação.

Ponha em prática o quarto poder, o não apego, e sua budeidade estará verdadeiramente ao alcance de sua mão.

A *prática* a que você deve se aplicar para alcançar o *desapego* é a seguinte:

---

mos. O macete para se divertir é saber que são estúpidos. Se você achar ou esperar que sejam inteligentes, isso lhe custará o fígado. E, talvez, venha a descobrir que você é que é estúpido.

EXERCÍCIO 4

1. acalmo a respiração, relaxo o corpo, observo os pensamentos com desprendimento;
2. observo o ambiente que me circunda;
3. estou consciente da precariedade de todas as coisas;
4. faço o desapego crescer dentro de mim.

Você se aplicará a este exercício *durante uma semana*. Você não necessitará de condições nem de ambientes especiais. Ele pode ser praticado em qualquer lugar.

Nessa quarta semana, seu objetivo principal será o seguinte:

Libertar-se dos apegos.

Se você quiser, nessa semana, poderá usar um *mantra de reforço*, a ser recitado *mentalmente*, nos momentos que decidir:

Eu não tenho	*inspiração*
apegos	*expiração*
eu sou	*inspiração*
um buda	*expiração*

Para as senhoras:

Eu não tenho	*inspiração*
apegos	*expiração*
eu sou	*inspiração*
uma iluminada	*expiração*

Décimo oitavo capítulo
O amor universal

Se você se ativesse à aquisição dos quatro poderes precedentes, ainda não seria um buda.

Você seria um indivíduo autocentrado, autossuficiente, capaz de bastar a si mesmo e de fruir de qualquer situação, porém substancialmente isolado dos outros, destituído daquela capacidade de comunicação com os outros seres vivos e com o universo inteiro, que faz com que nós, humanos, sejamos seres autoconscientes e capazes de *amar*.

Você teria desenvolvido sua personalidade *adulta*, teria aprendido a enfrentar sozinho a precariedade e a insegurança da vida.

Teria desenvolvido também sua personalidade *genitorial*, que o torna capaz de aceitar os outros como são e de apreciar, de qualquer maneira, sua beleza e unicidade. E, talvez, de ajudá-los. Mas você não seria um buda ou uma iluminada. Porque não teria alcançado aquela *serenidade* que vimos ser a característica fundamental de um buda. E essa só pode ser alcançada com o *amor universal*.

A vida se enche de paz e de alegria somente com o amor universal.[1]

Portanto, não se pode alcançar completamente o estado de budeidade se não se alcançar este quinto poder: o *amor universal*, o qual constitui, inclusive a *essência* do estado de budeidade.

Com efeito, podemos alcançar aquela *serenidade* que estabelecemos como nosso *objetivo* inicial unicamente no *amor universal*.

Então, você perguntará, por que se esforçar para conquistar os quatro poderes anteriores e não passar imediata e unicamente ao amor universal?[2]

Porque o amor universal não pode ser alcançado se não se conquistar previamente os quatro poderes anteriores.

Não se pode amar o universo inteiro se antes não se aprendeu a controlar a mente, a estar presente na realidade, a enxergar a mudança, a abandonar os apegos.

O amor universal só pode ser alimentado com uma mente livre de medo, com um contato com a realidade, com a libertação das necessidades egoístas.

Constituem impedimentos, limites, condições negativas.

O amor universal não tem limites, nem condições, nem fim.

---

[1] *Suttapitaka, Majjhima-Nikaya, Piyajatika Sutta.*
[2] Essa ânsia de possuir tudo de imediato é típica das crianças. Você quer se autotestar? Se você a sentir, é um menino ferrado. Ou uma pobre menina (não me atrevo a chamar uma senhora de ferrada; não por piedade, mas por autodefesa).

O amor universal

O amor universal é uma emoção que preenche nossa mente e nosso corpo até a última de nossas células.

O amor universal representa nossa expansão para o universo inteiro, nossa tomada de consciência do universo ao qual pertencemos, é *tornar-se o universo*.

O amor universal é estar em contato com o universo, é tornar-se o universo inteiro.

O que você pensaria de uma gota do oceano que, no instante em que se equilibrasse no ar acima do oceano, acreditasse existir como um ser separado do oceano ao qual pertence?

Que é uma louca![3]

É exatamente isso que você faz todas as vezes em que se sente sozinho ou sozinha, e acredita estar separado ou separada dos outros, do universo ao qual você pertence.

É justamente isso que Buda descobriu com a *Iluminação*: que não somos outra coisa senão células de um universo eterno, infinito, em transformação contínua.

E é exatamente isso que os místicos de todos os tempos e de todas as culturas experimentaram: vivenciaram a consciência do pertencer, da comunhão com o todo, que identificaram com a divindade.

Mas como fazer para desenvolver o amor universal dentro de você?

Buda nos deu uma grande indicação: a *compaixão*.

---

[3] Isto de chegar ao ponto de chamar uma pobre gota d'água de louca demonstra que, ao se tornar um buda, transcende-se realmente qualquer limite.

Há compaixão e dedicação no amor universal. Compaixão e dedicação têm como fim a felicidade de todos e não esperam nada em troca.[4]

A compaixão é *a planta na qual desabrocha a flor do amor.*
Somente a compaixão faz crescer o amor dentro de nós.
Por que sentimos naturalmente amor para com os filhotes? E veja: não apenas pelos filhotes humanos, mas pelos filhotes de qualquer animal.[5]
Porque os filhotes, com sua fraqueza, com sua impotência, com sua incapacidade de se alimentar, de se defender, de sobreviver, *suscitam nossa compaixão.*
Mas o que significa compaixão?
Literalmente, significa provar a mesma "paixão", isto é, o mesmo sofrimento.[6] Portanto, tornar seu o sofrimento de outrem.
Compreender o sofrimento de outrem.
É a *compreensão* que possibilita a compaixão.
De acordo com a tradição, o próprio Sidarta viu que *compreensão e amor são uma coisa única: sem compreensão, não pode haver amor.*[7]
Compreensão significa *conhecimento.*
Conhecimento da história, da vida, do sofrimento de outrem. É por isso que nós sentimos compaixão por

---

[4] *Suttapitaka, Majjhima-Nikaya, Piyajatika Sutta.*
[5] Há pessoas que criam jacarés e ficam comovidas quando veem os jacarezinhos saírem de seus ovos e saltitarem por aí, prontos a abocanhar qualquer coisa.
[6] O termo latim *passio* significa, justamente, *sofrimento*: a paixão de Cristo é seu calvário.
[7] *Buddhacarita*, III, 24.

nossos parentes e por nossos amigos. Porque conhecemos sua história, sua vida, seu sofrimento.

Se você se interessar pela história, a vida, o sofrimento de outrem, não pode evitar sentir compaixão por seu sofrimento.

E sentir compaixão por seu sofrimento significa *se transformar nele*. Na verdade, a compaixão que sente por ele é a compaixão que sente por si mesmo.

Portanto, é a partir de si mesmo que se inicia sua viagem em direção ao amor universal.

Você conhece sua própria história, sua vida. Você conhece os próprios sofrimentos. Como poderia deixar de sentir compaixão pelos próprios sofrimentos?

Não se trata de autocomiseração, de se passar por vítima, mas de compaixão honesta pelos sofrimentos daquela criança, daquele rapaz, daquela moça, daquele homem, daquela mulher que você foi, que você é.

Se você for capaz de compaixão, de aceitação, de perdão, de estima pela criança, pelo rapaz, pela moça, pelo homem, pela mulher que você foi, que você é, será capaz de sentir amor por si mesmo, por si mesma. E aprender a amar a si mesmo é o primeiro passo para aprender a amar os outros.[8]

Quando você tiver aprendido a se aceitar, a se perdoar, a ter compaixão por seus sofrimentos, por suas ilusões, por suas paixões, por seus sonhos, por suas desilusões, por seus fracassos, por suas feridas, você terá aprendido a amar a si mesmo. E poderá amar aos outros.

---

[8] "Jesus disse 'Ame o próximo como a si mesmo'" (Mateus, 19, 19).

Porque, então, você verá nos outros os mesmos sofrimentos seus, as mesmas ilusões, as mesmas paixões, os mesmos sonhos, as mesmas desilusões, os mesmos fracassos, as mesmas feridas suas.

No fundo, isto é o amor: ver a nós mesmos no outro. É a mesma ação da qual partimos: identificarmo-nos com o universo que nos circunda.

E, então, você se transforma em cada ser vivo e não pode deixar de sentir o sofrimento que aflige cada ser vivo.

Com efeito, não há qualquer diferença substancial entre nós e os outros seres vivos: todos participamos da experiência do *sofrimento*.

A consideração do sofrimento de todos os seres induz à *compaixão* e ela não é outra coisa senão *amor*.

Se você tiver realmente superado seu apego pelo próximo, pelos parentes, pelos amigos, pelos poucos seres vivos dos quais você faz depender sua felicidade, então estará livre para amar cada ser vivo do universo.

Ao falar do amor, normalmente nos referimos ao amor entre pais e filhos, marido e mulher, parentes, amigos. Por depender, por sua natureza, dos conceitos de "eu" e "meu", este amor é prisioneiro do apego e da discriminação. As pessoas querem amar unicamente os próprios pais, o próprio cônjuge, os próprios filhos e netos, os próprios parentes e os próprios amigos. Na medida em que está envolvido no apego, teme os males aos quais as pessoas amadas estão expostas e se preocupa com eles antes que ocorram. Então, quando as desgraças chegam, o sofrimento é intenso. O amor fundado na discriminação

O amor universal

gera o preconceito ou até indiferença e mesmo hostilidade em relação àqueles que excluímos de nosso amor. O apego e a discriminação são causas de sofrimento para nós mesmos e para os outros. Na realidade, o amor ao qual todos os seres aspiram é o amor universal.[9] Isso porque agora você já pode entender que seu apego a esses poucos seres vivos não era amor verdadeiro. Era a necessidade de ser amado ou amada por eles.

O verdadeiro amor não traz consigo necessidade alguma, justamente porque nele não há apego. Você não espera nada daqueles que ama. Você não se importa de eles terem ou não consciência de seu amor. Não se importa de eles serem gratos por isso ou não. Não se importa se eles retribuem seu amor ou não. Você acha que uma mãe se importa de seu filho ter consciência de seu amor ou não? Acha que uma mãe ama menos seu filho recém-nascido pelo fato de ele não ter consciência de seu amor?

Acha que uma mãe se importa se seu filho é grato por seu amor ou não? Quantas mães continuam a amar o filho mesmo quando este não demonstra ter a menor gratidão por seu amor? Acha que uma mãe se importa se seu filho retribui seu amor ou não?

Quantas mães continuam a amar o filho, mesmo quando este não retribui seu amor? E quantas mães continuam a amar o filho mesmo quando este rouba, mente, trai e mata?

Eis o que é o amor: *aceitação incondicional.*

---

[9] *Suttapitaka, Majjhima-Nikaya, Piyajatika Sutta.*

Essa aceitação incondicional é a flor que nasce de uma planta que tem duas raízes: o não apego e a compaixão.

Veja, então, como o desapego lhe possibilita aceder ao amor universal e como a compaixão lhe permite alimentá-lo e fazê-lo crescer dentro de você.

Cultive dentro de si o desapego e a compaixão, e a flor do amor universal desabrochará espontaneamente dentro de você como uma flor desabrocha espontaneamente na planta que a gera.

O amor universal, com efeito, como qualquer outro sentimento, se desenvolve por meio de sua *experiência repetida*.

É por meio da experiência repetida do amor por uma pessoa que nosso amor por essa pessoa se consolida, prevalece sobre qualquer outra coisa, torna-se *absoluto*.

Assim, seu amor pelo universo, por cada ser do universo, que não é outra coisa senão o amor por si mesmo, expandido ao universo inteiro, pode ser desenvolvido ao ser experimentado *repetidamente*.

Portanto, para desenvolver o amor universal dentro de si, você deve aplicar-se a entrar *cotidianamente* em comunicação com o universo e com os seres do universo, com seu sofrimento, até sentir compaixão por todos os seres do universo, até alcançar a consciência de sua identidade substancial com eles.

Desenvolver o amor universal significa desenvolver a *quarta personalidade*, de que nós, seres humanos, somos capazes.

Significa ultrapassar nossa animalidade natural, ultrapassar nossas três personalidades naturais da criança, do adulto e do genitor.[10]

Significa tornar-se *um buda,* o ápice da evolução psicológica do ser humano.

Um buda constitui o ápice da evolução psicológica do ser humano.

A *prática* a que você deve se aplicar para desenvolver dentro de si o *amor universal* é a seguinte:

EXERCÍCIO 5

1. acalmo a respiração, relaxo o corpo, observo os pensamentos com desprendimento;
2. observo o ambiente que me circunda;
3. estou consciente da precariedade de todas as coisas;
4. liberto-me de todos os apegos;
5. torno-me consciente de *pertencer* ao universo;
6. considero o *sofrimento* de todos os seres;
7. sinto *compaixão* por todos os seres;
8. faço crescer meu *amor* por todos os seres.

Você se aplicará a este exercício *durante uma semana* e não necessitará de condições nem de ambientes especiais para realizá-lo. Ele pode ser praticado em qualquer lugar, com a frequência que você quiser.

---

[10] Cf. *Alla ricerca delle coccole perdute,* op. cit.

Nessa quinta semana, o seu objetivo principal será o seguinte:

*Tomar contato com o universo
e desenvolver o amor por todos os seres.*

Se você quiser, nessa semana, poderá usar um *mantra de reforço*, a ser recitado *mentalmente*, nos momentos que você decidir:

Eu sou	*inspiração*
um buda	*expiração*
eu sou	*inspiração*
amor	*expiração*

Para as senhoras:

Eu sou	*inspiração*
uma iluminada	*expiração*
eu sou	*inspiração*
amor	*expiração*

Décimo nono capítulo
A *manutenção do estado de budeidade*

Agora, você é um *buda* ou, se for mulher, uma *iluminada*, ainda que sua budeidade seja apenas *inicial* e necessite ser reforçada e ampliada, até que se transforme em sua *verdadeira natureza*.

Já ao término dessa quinta semana, caso tenha praticado com constância, sua budeidade já será uma realidade, conforme prometi a você, e você poderá senti-la dentro de si. Contudo, uma vez que a budeidade tenha sido alcançada, é necessário arraigá-la até que ela se torne *permanente*. Portanto, torna-se necessário um processo de *enraizamento* do estado de budeidade, o qual já não constituirá mais uma carga, como tem sido nessas últimas cinco semanas heroicas, mas um *prazer* que se renovará diariamente.

Trata-se simplesmente de praticar o último exercício *uma única vez por dia*, porém de maneira sucinta. Ele se tornará o *exercício definitivo*.

EXERCÍCIO DEFINITIVO

1. acalmo a respiração, relaxo o corpo, observo os pensamentos com desprendimento;
2. observo o ambiente que me circunda;

3. estou consciente da precariedade de todas as coisas;
4. liberto-me de todos os apegos;
5. faço crescer meu amor para com todos os seres.

Esse exercício coincide substancialmente com a *Vipassana*, a meditação tradicional budista.[1] Ele o colocará em contato consciente com seus cinco poderes.

Os cinco poderes do buda.

Com a prática, isso levará apenas alguns minutos.

Depois de um período que varia de pessoa para pessoa, você sentirá que poderá prescindir, inclusive, desse exercício de meditação, e seu estado de budeidade terá se tornado sua verdadeira natureza.

Então, você será realmente um buda ou uma iluminada.

Para que isso ocorra, entretanto, é necessário que você compreenda algumas coisas. A primeira que deve entender é que você deve colocar sua serenidade *acima de qualquer outra coisa*.

Sua serenidade deve ser colocada acima de qualquer outra coisa.

Não pense que essa é uma atitude egoísta.

Não há problema algum que você possa resolver melhor por meio da ansiedade e do medo do que da

---

[1] Sem embargo, trata-se de uma versão simplificada e muito mais fácil de praticar que a *Vipassana* tradicional, que corpreen e 6 fases (Cf. Buddhadâsa, *A consciência da respiração*, op. cit.).

A manutenção do estado de budeidade

calma e da serenidade. Você não pode ajudar ninguém se não mantiver a serenidade. É como quando uma aeronave voa a uma altitude elevada e falta oxigênio.

Você não pode ajudar as crianças a colocarem suas máscaras se não tiver primeiramente posto a sua.

Você não pode ajudar os outros se não estiver bem.

Com efeito, serenidade significa *eficiência*.

Ter a seu lado uma pessoa serena é algo que transmite não apenas serenidade, mas prazer. Portanto, se você tiver serenidade dentro de si, sua mera presença transmitirá essa sensação aos outros, ajudando-os. E isso é um ato de *amor*.

A segunda coisa que você precisa compreender é que o sofrimento tem *três causas imediatas*, todas derivadas do apego: as *expectativas*, os *medos* e os *sentimentos de culpa*.

O sofrimento tem três causas imediatas: as expectativas, os medos e os sentimentos de culpa.

Não obstante, todas as três causas são *infundadas*.

As expectativas são uma pretensão de que a realidade seja como nós queremos, e é evidente que isso não pode necessariamente ocorrer. Não é culpa dos outros se nossas expectativas são frustradas. Simplesmente, nós devemos *parar de tê-las*.

Ninguém tem o direito de exigir qualquer coisa dos outros.

Os medos imaginários são sempre medo de algo que não existe. Se um ônibus investir em minha direção e eu sentir medo, estarei certíssimo. Só assim é que posso me salvar.

Mas, se eu estiver sentado em minha poltrona e sentir medo ao pensar que, se eu sair, um ônibus pode investir em minha direção, este é um medo de algo que não existe.

É um *medo imaginário*. E os medos imaginários são infundados, são *neuróticos*.

Os sentimentos de culpa são absolutamente destituídos de fundamento. A culpa só existe se você praticar o mal sabendo que é mal e com a intenção precisa de fazê-lo. Contudo, somente um louco pode proceder dessa maneira.

Uma pessoa normal, e você é uma pessoa normal, jamais faria isso.

Na realidade, o sentimento de culpa é transmitido a você por quem quer *dominá-lo*.

E, quanto mais você for sensível e dotado de sentido moral, tanto mais facilmente cairá na armadilha do sentimento de culpa lançado sobre você por outros para poder manipulá-lo e tirar proveito de você. E isso é que pode fazer você ficar louco.

Assim, liberte-se das expectativas, dos medos e dos sentimentos de culpa. Se os outros lhe disserem que sofrem por sua causa, não acredite neles. São mentirosos. Talvez mintam de boa-fé, mas, ainda assim, são mentirosos. Porque, de acordo com a *lei psicológica* que expus em meu livro precedente (lei psicológica número três),[2]

---

[2] Cf. *Alla ricerca delle coccole perdute*, op. cit., p. 134.

ninguém pode causar sofrimento a ninguém.[3]

Portanto, mantenha a serenidade. O sofrimento dos outros não é causado por você. Cada um é rigorosamente a causa do próprio sofrimento.

Se alguém sofre com os tormentos da própria mente, é porque não conquistou a serenidade, não soube evoluir para a personalidade de buda. Não é sua culpa. O sofrimento dele não é culpa sua. Nem o é se uma ação sua lhe causar sofrimento.

Com efeito, você, que agora é um buda ou uma iluminada, compreendeu que seu sofrimento não depende do comportamento dos outros, mas de suas próprias expectativas, de seus medos, de seus sentimentos de culpa. O mesmo se aplica aos outros.

Não obstante, esteja consciente de uma coisa: o sofrimento é *necessário* para que a consciência cresça. Portanto, deve ser respeitado.

Respeitar o sofrimento de cada um como oportunidade para que sua consciência cresça, este é o comportamento de Buda.

A vontade de eliminar o sofrimento dos outros a qualquer custo ou encarregar-se do sofrimento alheio é algo *neurótico*.

Trate de eliminar *seu próprio* sofrimento e deixe que os outros cuidem do seu. Caso lhe peçam ajuda, é natural que você o faça.

---

[3] Refiro-me, evidentemente, ao sofrimento *psíquico*.

Contudo, não se torne escravo do complexo de escoteiro: aquele que obriga uma velhinha a atravessar a rua, a despeito da vontade contrária desta.

Se você gostou de utilizar o *mantra* e quer continuar a fazê-lo, daqui para frente poderá usar o seguinte, sempre que o desejar:[4]

        Eu sou   *inspiração*
        um buda   *expiração*

Para as senhoras:

        Eu sou   *inspiração*
        uma iluminada   *expiração*

---

[4] Este mantra pode ser usado por toda a vida.

Despedida

Agora, você pôs em movimento a roda de seu *carma*, a qual realizará sua *evolução espiritual*.
Não é por acaso que você leu este livro e seguiu minhas indicações. Muitos outros o viram e sequer o levaram em consideração. Muitos outros o leram e o esqueceram.
Você o seguiu porque estava pronto para segui-lo. Isso fez simplesmente com que sua *evolução espiritual* tenha sido levada a cabo. Porque havia, dentro de você, uma *semente* daquela budeidade e daquele amor universal que agora você está se aprontando para fazer crescer dentro de si até preencher seu coração e sua vida, até atribuir finalmente um significado à sua vida, um objetivo, um sentido da economia geral do universo.
Porque se tornar um buda, lutar para ser um e para continuar a sê-lo é algo que dá sentido e objetivo à vida. Poucos são os bem-sucedidos. Você é um ou uma dentre esses poucos.
Este livro foi escrito justamente para isto: levar a cabo sua evolução e a daqueles que, como você, estão prontos para essa transformação.

Para se tornar um buda.

Todos os budas que o precederam estão a seu lado, com sua potência e sua energia, em seu caminho em direção à budeidade. Sua é a força deles, sua é a consciência deles, seu é o amor deles.

Buda está com você.

Você é um buda

Você é uma iluminada

Você pode adquirir os títulos da Editora Best Seller
por Reembolso Postal e se cadastrar para
receber nossos informativos de lançamentos
e promoções. Entre em contato conosco:

mdireto@record.com.br

Tel.: (21) 2585-2002
Fax.: (21) 2585-2085
*De segunda a sexta-feira,
das 8h30 às 18h.*

Caixa Postal 23.052
Rio de Janeiro, RJ
CEP 20922-970

Válido somente no Brasil.

Este livro foi composto na tipologia Minion Regular,
em corpo 12,5/15,2, impresso em papel off-white 80g/m²,
no Sistema Cameron da Divisão Gráfica
da Distribuidora Record.